Klaus Huhn

Der Kollaborateur aus dem Osten

Inhalt

Wie es begann 7
»Damalig« und »ehemalig«? 11
Doch nicht an der Orgel 17
Krauses Gegendarstellung 20
Richtige und falsche Geheimdienste 23
Dithfurths »Ermittlungen« 28
Auch wenn die Bauern Eier werfen 33
Krause ließ »nie den Drang verspüren, irgend etwas aus der alten DDR in das neue Deutschland retten zu wollen«, sagt Schäuble 45
In der »neuen« Zeit 50
Blick hinter die Fassade 54
Ein Ruch von Schieberei und Patronage 62
Warum er und nicht de Maizière? 69
Talkshow am Strand 79
Büro in Ku'dammlage 85
Und nun auch das noch:
Aufsichtsrat bei IG Farben 88
Rinderwahn und Schweinepest 104
Preußenakademiker 113

*Es gibt triftige Gründe, dem Text einige Zeilen vorauszuschicken. Die Liste der »Gegendarstellungen« und der Klagen, die Günther Krause auf den Weg brachte, ist lang. Die Verwendung des Begriffs »Kollaborateur« in einem Atemzug mit seiner Person könnte die Liste verlängern. Sicher fände er Gründe, sich gegen die Verwendung des Begriffs zu wehren. Das Wort »Collaborateur« stammt aus dem Französischen und geriet in Umlauf, nachdem sich Staatchef Pétain 1940 mit Hitler getroffen hatte und danach in einer im Radio übertragenen Rede die Franzosen zur »Zusammenarbeit« mit den Besatzern aufrief.
Wir stellen fest:
Jeder Vergleich mit Petain wäre in jeder Hinsicht abwegig!
Wir stellen weiter fest:
Wir halten Günther Krause für eine ehrenwerte und achtbare Person!
Das Internet-Lexikon-Wikipedia verweist auf folgenden Zusammenhang im Hinblick auf den Begriff Kollaborateur: »In der Zeit des Kalten Krieges benutzte man den Begriff in Deutschland auch als Schimpfwort für weltanschauliche Gegner, die man der Zusammenarbeit mit dem politischen System auf der jeweils anderen Seite des Eisernen Vorhangs bezichtigen oder dessen Sympathisanten bloßstellen wollte.«
Sollten Assoziationen zu dieser Version aufkommen, lässt sich das nicht verhindern, sie wären aber unbeabsichtigt und werden von vornherein nachdrücklich bedauert.*

Der Autor

Wie es begann

Ein unvermittelt über den Bildschirm huschendes Gesicht hatte die Erinnerung ausgelöst. Das war doch ...

Obwohl strikter Atheist, rief ich meiner Frau zu: »Bei Gott, das war doch Krause!«

Ich schaltete mich durch die Kanäle (ich weiß, dass man das heutzutage als »surfen« ausgibt, bleibe aber eigensinnig bei meinem antiquierten deutschen Begriff), was dazu führte, dass ich mir einen Pfad durch eine Serie verschiedener Szenen schlagen musste. Knapp bekleidete Damen ermunterten mich, goldene Uhren zu Spottpreisen zu erwerben, danach schoss ich Sekunden dröhnend durchs Weltall, sah im nächsten Augenblick Paviane lustvoll kopulieren, gelangte aber irgendwann an mein Ziel und hatte das Strahlemanngesicht, das mich elektrisiert hatte, wieder auf meinem Schirm. Die Erinnerung gewann an Tempo und trieb auch den Augenblick heran, da er sich vor Jahr und Tag im Berliner Kronprinzenpalais mit dem Füllhalter in unser aller Namen betätigt hatte: Günther Krause!

In diesem Augenblick war eine Art Vergangenheits-Jagdeifer in mir erwacht: Wie war der Mann an den Füllhalter gekommen, und was war aus ihm geworden, nachdem er uns durch seine Unterschrift in – Werbung muss sein! – »blühende Landschaften« geschickt hatte?

Auf der Internet-Seite des Bundesministeriums des Innern stöberte ich ein Bild auf, dessen Unterschrift erste Fakten lieferte: Man habe sich an »historischem Ort« – dem Berliner Kronprinzenpalais – des zwanzigsten Jahrestags der Unterschriftsleistungen erinnert, und Krause stand sogar direkt neben Frau Merkel. Ich hätte – wäre jemand auf die Idee gekommen, mich zu befragen – »Rückkehr in die Vergangenheit« als Unterschrift gewählt.

Allerdings ergab das Bild bei genauerem Hinsehen: Im Vergleich zu früher wirkte Krause weniger »chefmäßig«, und so keimten wieder Zweifel in mir: War das wirklich *der* Krause? Um alle Irrtümer auszuschließen: Jener Prof. Dr. Günther Krause, der damals auch in meinem Namen durch seine Unterschrift besiegelte, dass die DDR der BRD »beitrat«? Das stieß mich nicht nur zu der Neugierfrage, die bunte Blätter so gern stellen – »Was macht eigentlich?« –, sondern weckte Recherchelust herauszufinden, was mich pausenlos beschäftigte: Wie war der eigentlich auf jenen Stuhl an jenem Tisch gelangt, an dem der von VEB Markant hergestellte Füllhalter lag, mit welchem er das Ende der DDR unterschrieb?

Als erstes langte ich nach Schäubles Buch »Der Vertrag« – gelbroter Aufkleber »Spitzentitel: 14 DM«, klappte die irgendwann von mir eingekerbte Seite 131 auf und las: »In den internen Unterhaltungen ließ ich die DDR-Partner nie im unklaren über meine Prioritäten. Meine stehende Rede war: Liebe Leute, es handelt sich um einen Beitritt der DDR zur Bundesrepublik, nicht um die umgekehrte Veranstaltung. Wir haben ein gutes Grundgesetz, das sich bewährt hat. Wir tun alles für euch. Ihr seid herzlich willkommen. Wir wollen nicht kaltschnäuzig über eure Wünsche und Interessen hinweggehen. Aber hier findet nicht die Vereinigung zweier gleicher Staaten statt.«

Das war doch Klartext der höchsten Kategorie!

Krause war also einer von diesen »lieben Leuten« gewesen, denen Schäuble Nachhilfeunterricht zum Thema »deutsche Einheit« erteilt und der dem nicht widersprochen hatte. (Das hätte Schäuble doch angemerkt, oder?)

Um bei niemandem in Verdacht zu geraten, ich hätte Krause in den 20 Jahren, die seitdem vergangen waren, etwa vermisst, versichere ich guten Gewissens, dass ich ihn fast vergessen hatte bis eben zu jener Abendsendung im Fernsehen, in der Festredner und plappernde Meinungsmacher pausenlos versichert hatten, es hätte sich um ein

Ereignis gehandelt, das mit der Schlacht im Teutoburger Wald zu vergleichen wäre oder mit Luthers Tapeten-Tür-Aktion in Wittenberg.

Aber dann fiel mir plötzlich auf, dass Krause bei all diesem Jubiläums-Gesülze nur höchst selten erwähnt wurde, und ich begann zu grübeln, wie sich das erklären ließe? Wer würde ihm heute schon noch vorwerfen, damals eine schmähliche Kapitulation unterschrieben zu haben? Allenfalls seine Begleiter von damals, die er – laut Schäuble – nicht sehr kollegial behandelt hatte: »Sachkompetenz, Zeitmangel, sicher auch Erschöpfung brachten ihn dazu, den Mitgliedern seiner Verhandlungsdelegation gelegentlich – für meine Begriffe sehr rüde – in die Parade zu fahren; aber offensichtlich war seine Autorität, jedenfalls in der Endphase der Selbständigkeit der DDR, gegenüber den Abgeordneten wie den Regierungsmitgliedern groß genug, dass dies ohne allzu viel Widerstand ertragen wurde.«

Aufschlussreiche Feststellungen, die meines Wissens bislang nie so preisgegeben worden waren. Sie sind kaum anders zu deuten, als dass Krause mit harten Kommandos in Richtung »Einheit« steuerte und auf seine Partner und auf deren Meinung kaum Rücksicht nahm.

Diese Erkenntnis bewog mich, das von den Fernsehkameras des Jahres 2010 eingefangene und mir ins Wohnzimmer gelieferte Geschehen fast so gewissenhaft zu verfolgen, wie man das in Krimis bei Kommissaren sieht, die sich Überwachungskameras widmen.

Ich registrierte: Der Bundespräsident reiste nach Bremen, um zu Füßen der Bremer Stadtmusikanten – Esel, Hund, Katze und Hahn – die deutsche Einheit zu preisen. Aber: Den DDR-Unterschreiber erwähnte er mit keiner Silbe. Absicht oder Bundespräsidialamts-Schlamperei?

Sein Stellvertreter, der Präsident des Bundestages, Norbert Lammert, begrüßte im Hohen Haus des Bundestages beim Festakt immerhin zehn Persönlichkeiten namentlich. Krause war wieder nicht darunter.

Im Berliner Kronprinzenpalais, dort also, wo die volkseigenen Füllhalter in Aktion gesetzt worden waren, schraubten sie eine bronzene Tafel an die Wand. Auch auf dieser stand sein Name nicht.

So wuchsen bei mir die Zweifel, und die Fragen häuften sich. Immerhin: Der Mann hatte in unserem Namen – man hatte damals ständig gerühmt, dass er durch »freie Wahlen« in die Volkskammer gelangt sei – für die DDR unterschrieben!

Ich entschied mich: Nicht aus blanker Neugier, oder um im Nachhinein den Unterschreiber zu steinigen, aber um daran zu erinnern, wie viel Menschen unter den Folgen seiner Unterschrift zu leiden hatten, wollte ich seinen Spuren nachgehen. Mit begrenzten Mitteln – ich hatte weder DNA-Analysen zur Verfügung, noch alle Dokumente zur Hand – werde ich den Fall restlos aufzuklären versuchen.

»Damalig« und »ehemalig«?

Erste Frage: Wer war dieser Günther Krause? Woher kam er, wer hatte die Idee, ausgerechnet ihm den Füllhalter in die Hand zu drücken? Ich wollte das nicht herausfinden, um etwa im Nachhinein zu behaupten, Krause sei gar nicht hinreichend kompetent oder gar berechtigt gewesen, diese Unterschrift zu leisten, weshalb sie sich nachträglich anfechten ließe. Aber hat nicht jeder Ex-DDR-Bürger ein Recht darauf zu erfahren, wer ihn »weitergereicht« hat?

Als erstes galt festzustellen: Einige Passagen des Vertrags sind bis heute nicht erfüllt worden, was nicht ignoriert werden soll.

Dann kam hinzu: dass man die Unterzeichnung von damals zwei Jahrzehnte später mit so viel Trara feierte, aber den einen der beiden Unterschreiber so gut wie nirgends erwähnte. Dies musste zu denken geben.

Wollte man in dieser Hinsicht ein Motiv aufspüren, war es unumgänglich, den Spuren der Festredner weiter akribisch zu folgen. Zum Beispiel: In dem offiziellen Dokument, das das Bundesinnenministerium verbreitete, um die Anbringung jener Bronze-Gedenktafel kundzutun, wurde nur in einem für die Medien bestimmten Nebensatz erwähnt, *wer* da überhaupt unterschrieben hatte, und es wurde obendrein zwischen beiden Unterzeichnern differenziert: »der damalige Bundesinnenminister Wolfgang Schäuble und der ehemalige Parlamentarische Staatssekretär Günther Krause.«

Niemand soll glauben, dass die voneinander abweichende Wortwahl – »damalige« und »ehemalige« – etwa als belanglose stilistische Modulation zu bewerten wäre. Schäuble war demnach »damaliger« Minister und Krause »ehemaliger« Staatssekretär! Dieser Unterschied ist im

Grunde aufschlussreich genug, um 2011 deutlich zu machen, was man schon 1990 mindestens im Hinterkopf hatte und was schon damals, von einigen Träumern abgesehen, kaum jemand in Frage stellte: Unterschrieben worden war damit die Löschung der DDR aus sämtlichen weltweit gültigen Registern. Sie sollte schlicht in die »Ehemaligkeit« verwiesen und damit aus Geschichte und »Damaligkeit« gestrichen werden – was man höheren Orts offensichtlich für möglich hielt und hält. Verschoben bis weit hinter das antike Rom, denn niemandem käme in den Sinn, die Welthauptstadt der Antike ab morgen als das »ehemalige Rom« auszugeben.

Der 2001 in Tübingen verstorbene angesehene deutsche Literaturwissenschaftler Hans Mayer hatte schon 1996 solche Differenzierung gerügt: »Auch die DDR ist aus der Geschichte nicht wegzudenken. Und wenn man heute sagt, ›die ehemalige DDR‹, dann ist das auch nur eine bürgerliche deutsche Sprachregelung. Die DDR ist nicht ehemalig, die DDR ist ein Teil der deutschen Geschichte. Man könnte genau so gut sagen ›das ehemalige deutsche Kaiserreich‹, ›die ehemalige Weimarer Republik‹. Wenn man mir sagt, die DDR habe nur vierzig Jahre gedauert, so antworte ich immer: Das Deutsche Kaiserreich vom 18. Januar 1871 hat siebenundvierzig Jahre gedauert, für ein Kaiserreich ist das ja auch nicht sehr viel.«

So ist der Verdacht nicht aus der Welt zu räumen, dass Krause damals sehr genau wusste, welche historischen Folgen jene, die den »Vertrag« diktierten, im Sinn hatten, als sie die Füllhalter bereitlegten.

Krause kann also kaum leugnen, dass er durch seine Unterschrift die möglichst spurenlose Tilgung der DDR besiegelte. Und auch deshalb wäre es unverzeihlich, seinen Namen aus der Geschichte dieses Deals zu tilgen.

Damit mir niemand vorwirft, ich würde nachträglich üble Nachrede riskieren, verweise ich explizit darauf, dass Krause in einer Stadt 2010 tatsächlich als Festredner geladen war. Der zur Medienspitzengruppe gehörende *Spiegel* widmete seinem dortigen Auftritt am 4. März 2010 eine ganze Seite – das Magazin zu zitieren, bewahrt auch vor möglichem Prozessärger, denn es erschien dort bislang keine »Gegendarstellung« Krauses. *Der Spiegel* schwärmte geradezu: »Die CDU in Mecklenburg-Vorpommern feierte ein Jubiläum. Und Angela Merkel rehabilitierte einen wegen Betrugs verurteilten Weggefährten.

Zugenommen hat er. So viel, dass ihn kaum jemand erkennt, als er sich vergangenen Mittwoch in die Warteschlange im Foyer des Mecklenburgischen Staatstheaters in Schwerin einreiht. Dabei ist der schwere Mann mit dem breitkrempigen schwarzen Hut und dem dunklen Lodenmantel einer der Stars der Veranstaltung. Gefeiert wird der 20. Geburtstag der CDU Mecklenburg-Vorpommern. Und Günther Krause soll an diesem Abend eine Rede halten.«

Mit Schwerin hatte man zwanzig Jahre nach der DDR-Untergangs-Parafierung, wie es scheint, einen pfiffigen »Ausweg« gefunden, in dem man *nicht* den Unterschreiber, sondern den CDU-Sattelburschen der von dort kommenden Kanzlerin feierte.

Der *Spiegel*-Reporter betonte, dass Krause keineswegs irgendein Redner dieses Abends war, sondern an vorrangiger Stelle zum Pult gerufen worden war, »gleich nach Angela Merkel, der Bundeskanzlerin und Ex-Vorsitzenden der Landes-CDU. Als Parteichef war Krause ihr Vorgänger, von 1990 bis 1993, als er noch schlank und bekannt war.«

Und weil der *Spiegel* wohl befürchtete, dass sich die Mehrzahl der Leser – wie auch ich – nicht mehr an Krause erinnern könnte, fügte man hinzu: »Von Januar 1991 bis zum Mai 1993 war Krause auch mal Bundesverkehrsminister, davor Bundesminister für besondere Aufgaben. Und davor hatte er als Staatssekretär der ersten frei gewählten DDR-Regierung mit Helmut Kohls Innenminister

Wolfgang Schäuble den Einigungsvertrag ausgehandelt. Seit seinem Rücktritt 1993 hat sich Krause, der nach zahlreichen Affären über eine vom Arbeitsamt subventionierte Putzfrau stolperte, als Unternehmer versucht. Nicht sonderlich erfolgreich. Er hinterließ Schulden in Millionenhöhe und ist seit März 2009 rechtskräftig wegen Betrugs und Insolvenzverschleppung verurteilt. Die Freiheitsstrafe wurde zur Bewährung ausgesetzt.

Dass ein Mann wie Krause an der Seite der Kanzlerin auferstehen darf, zeigt, wie belastbar die christlichen Fundamente der Union noch immer sind. ›Im Mittelpunkt unserer Politik steht der Mensch, nicht nur mit seinen großartigen Eigenschaften, sondern auch mit seinen Widersprüchen und Fehlern‹, sagt Merkel in ihrer Rede.

›Immer noch‹ sei sie Krause ›dankbar‹, dass er ihr 1990 geholfen habe, einen Wahlkreis zu ergattern, in dem sie ein Bundestagsmandat erringen konnte. Sechsmal in ihrer 40-minütigen Rede sagt sie ›lieber Günther‹. In diesen Momenten wechselt Krauses Gesichtsfarbe von blass-rötlich in päpstliches Purpur.«

Die Lebenslauf-Daten Krauses hatte der *Spiegel* extrem verknappt, vielleicht, weil er die Kanzlerin im Hinblick auf die menschlichen »Widersprüche und Fehler« nicht ins Zwielicht geraten lassen mochte, zumal die Partei der Kanzlerin in jenen zwanzig Jahren menschliche »Fehler« – wenn sie der DDR-Vergangenheit anzulasten waren – gnadenlos mit rüden Beförderungen in die Hartz-IV-Riege geahndet hatte.

Danach betrat also Krause die Schweriner Bühne. »Als er schließlich selbst zum Rednerpult schreitet, geht er – trotz seiner Leibesfülle – wie auf Wolken. Und dann erzählt er, wie Merkel (›Ich glaube, es war auf Erich Mielkes Schreibmaschine, liebe Angela‹) jenen Antrag getippt habe, mit dem die Schwesterpartei DSU in der DDR-Volkskammer am 17. Juni 1990 den sofortigen Beitritt der DDR zum Bundesgebiet gefordert hatte.

Manch einer im Saal schaut fragend seinen Nachbarn an: Merkel auf Mielkes Schreibmaschine? Warum blieb ein solch symbolträchtiges Detail der Wendegeschichte bislang unerzählt? Weil es nicht stimmt und frei erfunden ist?

An diesem Abend ist das egal. Krause reiht Anekdote an Anekdote, und das Publikum dankt es ihm mit Gelächter und Applaus. Der verlorene Sohn der Meck-Pomm-CDU will ohnehin nur beweisen, dass die Kanzlerin ohne ihn, ohne das Wunderkind der Wende, nicht da wäre, wo sie heute ist.

Und es stimmt ja auch. Irgendwie. Die mächtigste Frau Europas verdankt ihre Karriere in Teilen einem Mann, der später seine langjährige Sekretärin um zwei Jahresgehälter geprellt hat. Und der dann auch noch Beschwerde einreichte, als ihm die Richter auferlegten, der Frau wenigstens einen Teil des Geldes zu zahlen.

Doch davon wollen die Kanzlerin und ihre Parteifreunde im Schweriner Theater an diesem Abend nichts wissen. ›An Festtagen spricht man nicht über die schwierigen Stunden‹, sagt Merkel, und Krause nickt. Für den ehemals als Architekt der deutschen Einheit Gefeierten ist der Abend ein voller Erfolg. Die Fotos vom Handschlag mit der Kanzlerin dürften Gold wert sein bei der Akquise von Beratungsaufträgen, mit denen sich Krause über Wasser hält.

Denn allzu gut lief es offenbar auch in letzter Zeit nicht. Selbst im brandenburgischen Wittenberge wollen sie vom Ex-Minister nichts mehr wissen. Knapp zwei Jahre agierte er dort als ›Gründungsrektor‹ der ›Preußischen Akademie für Zukunftsentwicklung‹, die als ›private Elite-Uni‹, so Krause, das deutsche Hochschulwesen revolutionieren sollte.

Auch mit dem in Kirchmöser an der Havel geplanten Akademie-Ableger geht es nicht recht voran. Hier wollte Krause aus Stroh und Abfall Erdöl gewinnen, ›das schwarze Gold‹, wie er es nennt. ›Was in 10 Millionen Jahren in der

Erde geschah, machen wir in 10 Sekunden‹, tönte er im Juli 2008. ›Um Erdöl muss man dann keine Kriege mehr führen.‹

Doch der Weltfrieden ist nach Lage der Dinge in weiter Ferne. Die brandenburgischen Ölquellen sprudeln noch nicht und werden es womöglich auch in Zukunft nicht tun. Denn aus Stroh Gold zu machen hat vor Krause bislang nur einer geschafft: Rumpelstilzchen.«

Womit im Grunde, die schon eingangs gestellte Frage angezweifelt wäre, ob dieser Mann tatsächlich hinreichend kompetent war, um für die Aktion am Markant-Füller in Frage zu kommen?

Doch nicht an der Orgel

Der Kompetenzfrage nachzugehen scheint dringlicher als je, denn in den verflossenen zwei Jahrzehnten sind die Folgen dieser Unterschrift für jeden spürbar geworden und lassen sich auch durch Prophezeiungen á la »Eines Tages wird alles wieder besser« nicht lindern. Die Schulden des Staates, den Feldwebel Schäuble und sein Gefreiter Krause als »Unrechtsstaat« aus dem Weg räumten und als »Begründung« dafür auch seine angebliche Zahlungsunfähigkeit ins Feld führten – was bis heute mit Übereifer nachgeplappert wird – nehmen sich gegen die aktuellen Schulden des »neuen« Deutschland mehr als lächerlich aus.

Noch mal zum Akt der Unterschrift an sich: Man weiß, dass das Strafgesetzbuch mit keinem Paragrafen die geleistete Signatur eines im Nachhinein straffällig Gewordenen aufhebt, doch ging es in diesem Fall nicht um irgendeinen privaten Handel, sondern um die Existenz eines Staates, dessen stellvertretender Außenminister 1987/88 die UNO-Generalversammlung als deren Präsident vorstand und dessen Staatsratsvorsitzender Erich Honecker Könige, Staatschefs und Millionäre in seinem Amtssitz begrüßte. Mithin blieb dieser Staat ungeachtet aller Schäuble-Kommandos eine unleugbare Realität der Weltgeschichte und hätte auch dadurch nichts davon eingebüsst, dass die jetzige Kanzlerin für die Erstellung des entscheidenden Dokuments Erich Mielkes Schreibmaschine benutzt haben könnte. (Was allerdings umso pikanter wäre, da es – vorausgesetzt, Krause hat in Schwerin nicht geflunkert – an der Zeit wäre zu ermitteln, *wie* Frau Merkel an jene Maschine gelangt war? Wusste sie etwa, wo sie versteckt war?)

Zurück zu Krause und seinem Lebenslauf. Das Internet-Lexikon *Wikipedia* hält sich sehr zurück: »Geboren« – als Bürger der DDR – »am 13. September 1953 in Halle (Saale), ist ein Ingenieur und ehemaliger deutscher Politiker (CDU). Er war 1990 Parlamentarischer Staatssekretär beim Ministerpräsidenten der DDR, von 1990 bis 1991 Bundesminister für besondere Aufgaben und von 1991 bis zu seinem Rücktritt 1993 Bundesminister für Verkehr.«

In der Rubrik »Leben und Beruf« heißt es noch: »Nach dem Abitur leistete Krause seinen Wehrdienst bei der NVA ab und absolvierte dann von 1974 bis 1978 ein Studium an der Hochschule für Architektur und Bauwesen Weimar, welches er als Diplom-Ingenieur beendete. Von 1978 bis 1982 arbeitete er beim Wohnungsbaukombinat in Rostock. Von 1982 bis 1990 war er dann an der Ingenieurhochschule Wismar tätig. 1984 erfolgte seine Promotion zum Dr.-Ing. und 1987 seine Habilitation zum Dr. sc. techn. in Wismar.«

Ein auf den ersten Blick *fast* reibungsloser DDR-Lebenslauf. Das einschränkende »fast« könnte ein nach Lücken suchender Pseudo-Historiker zum Beispiel den vier Jahren beim Rostocker Wohnungsbaukombinat zuschreiben und die noch nie geäußerte Frage stellen: Hatten die DDR-Oberen Diplom-Ingenieur Krause etwa auf den »Bau« geschickt, weil er Honecker kritisiert oder in der CDU opponiert hatte? Na, was nicht ist, kann ja noch kommen.

Ich bediene hier mit Nachdruck – das sei eher sinnbildlich formuliert – die Bremse. Denn: Spätestens von nun an muss jede Silbe peinlich bedacht und klopffest sein. Krause prozessiert nämlich gern gegen Journalisten, was er wiederholt bewies. So erscheint es empfehlenswert, gewissermaßen »prophylaktisch« hier eine seiner zahlreichen »Gegendarstellungen« einzufügen. Die im folgenden publizierte hatte Krause in den frühen 90er Jahren durchgesetzt und dürfte sie damals auch an Rechtsanwälte weitergereicht haben. Sie lässt vermuten, dass der so hürden- und bruchlos wirkende Lebenslauf täuscht.

Krauses Gegendarstellung

»In der Zeitschrift *extra Magazin* vom 27. Juni 1991 wurden unter der Überschrift ›Wie Krause Professor wurde‹ verschiedene, mich betreffende Behauptungen aufgestellt, die unwahr sind.

In dem Artikel wird behauptet, ich hätte meine ›zweite Doktorschrift‹ nicht an der damaligen Ingenieurhochschule Wismar eingereicht.

Diese Behauptung ist unzutreffend. Wahr ist vielmehr, dass ich mein Promotionsgesuch mit der von mir verfassten Habilitationsschrift bei der damaligen Ingenieurhochschule Wismar eingereicht habe. Weil diese Ingenieurhochschule zum damaligen Zeitpunkt das sogenannte Promotionsrecht ›B‹ noch nicht hatte, musste für ein derartiges Promotionsverfahren die Genehmigung des Hochschulministeriums eingeholt werden. Das Hochschulministerium empfahl der Hochschule daraufhin, das Promotionsverfahren wegen des starken Bezuges der Dissertation zu den Informatikwissenschaften an der Universität Rostock durchzuführen.

In dem Artikel wird weiter behauptet, der ›Chef‹ der Rostocker Informatiker, Herr Professor Kutschke, habe angekündigt, er werde ein ›Negativgutachten‹ erstellen. Der Rektor der Ingenieurhochschule Wismar habe daraufhin ›das vom Scheitern bedrohte Verfahren‹ von Rostock nach Wismar ›herübergeholt‹ und beim zuständigen Minister eine ›Ausnahmeregelung‹ beantragt.

Diese Behauptung ist unwahr. Wahr ist vielmehr, dass die Fakultät der Universität Rostock im Gegensatz zum Hochschulministerium der Auffassung war, dass die Habilitationsschrift den Ingenieurwissenschaften zuzuordnen sei. Nach dieser, von mir von Anfang an vertretenen Einschätzung wurde das Promotionsverfahren so wie ursprünglich geplant in Wismar durchgeführt.

In dem Artikel wird in diesem Zusammenhang ferner behauptet, ich hätte in einer eidesstattlichen Erklärung zur Vorlage bei Gericht gelogen.

Diese Behauptung ist unwahr. Wahr ist vielmehr, dass die von mir in einem gerichtlichen Verfahren gegen die Berliner Verlag GmbH abgegebene eidesstattliche Versicherung in allen Punkten der Wahrheit entspricht.

Prof. Dr. Günther Krause.«

Soweit eine Gegendarstellung aus dem Jahre 1991.

Wer wie ich bei der Lektüre Mühe hatte, alle Zusammenhänge dieser vor Gericht gelandeten Affäre auf Anhieb zu durchschauen, kommt nicht umhin, Eingeweihte zu befragen, was sich da tatsächlich zugetragen hat. Im schon zitierten Lebenslauf waren doch nirgends Lücken oder Querelen ob seiner Laufbahn als Wissenschaftler erkennbar. Was mochte da geschehen sein?

Zunächst: In dieser Gegendarstellung fehlen augenscheinlich Daten als zeitliches Koordinatensystem. Das erschwert die Aufklärung des Sachverhalts ein wenig. Hatte man Krause Steine in den Lebensweg gerollt? Und wenn, warum?

Später wird er »enthüllen«, wie er schon in der Schule wegen seine christlichen Haltung hatte leiden müssen.

Typisch für die unterschiedlichen Darstellungen ist, dass sie oft von unterschiedlicher Spurbreite waren, also kaum zusammenpassten. Bleiben wird bei der Frage: Wer hat ihn auf seinem akademischen Weg nach oben behindert, und warum?

Rückfragen ergaben kaum Hinweise.

Die bewusste Promotion war 1987 in der DDR ordnungsgemäß bestätigt worden – wiewohl ja durchaus die Frage gestellt werden könnte, was nach heutigen Maßstäben als »ordnungsgemäß« gelten darf –, aber offensichtlich nach dem Untergang der DDR von jemandem angezweifelt worden. Der dabei entstandene Zwist muss beträchtlich gewesen sein, denn Ende Oktober 1991 wurde das *extra Magazin* noch durch ein Urteil des Landgerichts Berlin aufgefordert, eine von der Zeitschrift aufgestellte Behauptung zu widerrufen und Prof. Dr. Günther Krause ein Schmerzensgeld in Höhe von 15.000 DM zu zahlen.

In dem Urteil war gleichfalls erwähnt worden, das Magazin habe fälschlich behauptet, Krause hätte irgendwann die Absicht geäußert, Mitglied der SED zu werden. Das Gericht verzichtete in diesem Fall auf eine Beweisführung. Womöglich, weil sich niemand auch nur vorzustellen vermochte, Krause hätte je in seinem Leben diesen Schritt ins Auge gefasst. Daran mochte wohl auch schon deshalb niemand glauben, weil Prof. Dr. Günther Krause zu jener Zeit bereits Verkehrsminister der Bundesrepublik Deutschland war. Selbst die ärgsten Kehrtwender hätten als Ex-SED-Mitglieder solchen Aufstieg wohl nie geschafft!

Der Hinweis auf diesen letztlich von Richtern entschiedenen Streit zeugt also allenfalls davon, dass das DDR-Leben des Prof. Dr. Günther Krause doch nicht glatt verlaufen war. Andererseits: Es ging um einen akademischen Titel, und da sind »Gefälligkeiten« äußerst selten. Würde also unterstellt, man sei ihm zu DDR-Zeiten in dieser Hinsicht entgegengekommen – was dem Autor nicht mal als Vermutung je in den Sinn gekommen wäre –, hätte das den Verdacht wecken können, der Unterschreiber hätte irgendeine Gunst der – natürlich von der SED gesteuerten – DDR-Wissenschaft genutzt.

Richtige und falsche Geheimdienste

Vergessen werden darf auch nicht: Wer heutzutage noch in Neufünfland lebt, weiß auch, dass dort noch immer mit fristloser Kündigung rechnen muss, wer für den falschen Geheimdienst tätig gewesen war. Ein »richtiger« war beispielsweise das Ostbüro der SPD, das vom Bundesnachrichtendienst (BND) gesteuert wurde und dessen Agenten heute in der Regel Opferrente beziehen. Ein »falscher« war der Staatssicherheitsdienst der DDR, welcher mit KGB-Offizieren wie etwa Major Wladimir Putin in Dresden kooperierte.

Daran sei erinnert, weil wenige Tage, nachdem der »liebe Günther« der Öffentlichkeit verraten hatte, auf wessen Schreibmaschine Angela Merkel das Beitrittsersuchen getippt haben soll, auf dem Parteitag der mecklenburgischen Linken ein stundenlanger Disput darüber geführt wurde, ob Genossen belangt werden sollten, die für das Gespann Mielke-Putin tätig gewesen sein sollten.

Irgendwann war irgendwo auch die verwegene Frage aufgeflackert: »Der auch?« Womit – man wagt es kaum zu vermuten – der »Unterschreiber« gemeint war.

Nein, gilt es zu versichern – auch um weiteren »Gegendarstellungen« zu entgehen: der nicht »direkt«.

Allerdings sind Zweifel nicht auszuschließen, wobei betont werden muss, dass diese kein gravierendes Kriterium für den Autor war. Krause selbst aber schien in dieser Hinsicht besorgt. So verriet der *Spiegel* (16/1991), dass Krause auf Umwegen bei Gauck hatte anfragen lassen, ob da eine »Akte« wäre? Fragt man sich: Wer stellt solche Frage, wenn er nie mit den »Falschen« zu tun hatte?

Gaucks Antwort beruhigte ihn: Eine Recherche sei »zur vollen Zufriedenheit des Ministers ausgefallen«. Das Hamburger Magazin schien allerdings misstrauisch geblieben zu sein, denn schon in der nächsten Ausgabe erschien ein mehrseitiges Interview, in dem mitgeteilt wurde, dass tatsächlich eine 154-Seiten-Akte existierte.

Um allen Zweifeln und Verdächtigungen zu begegnen: Ich wäre nie auf die Idee gekommen, das Thema mit dem bis heute üblichen Geschrei zu behandeln und erwähne die Tatsache nur, weil – wie man weiß – die »richtigen« und die »falschen« Geheimdienste oft genug hemmungslos miteinander kooperiert haben, und in diesem Fall lediglich herausgefunden werden soll, wer derjenige war, der – und in wessen Auftrag – das Ende der DDR unterschrieb?

Diese Frage blieb bis heute interessant, weil der zuständige Ministerpräsident Lothar de Maizière bekanntlich Stasi-Kontakten verdächtigt worden war und deshalb als Unterschreiber als nicht opportun ausschied.

Der *Spiegel* hatte es in seinem Interview 1991 entsprechend insistiert, und wer auf die Jahreszahl verweist und daran erinnert, dass die bewusste Unterschrift schon ein Jahr zuvor geleistet worden war, sollte sich auch daran erinnern lassen, dass entsprechende »Akten« schon immer zu Hand waren, wenn sie gebraucht wurden.

Hier eine Auswahl der Interviewfragen des *Spiegel*: »Hatten Sie Kontakte zur Stasi?« – »In Wismar, wo Sie an der Technischen Hochschule tätig waren, ist doch ein Stasi-Offizier mit Ihnen in Verbindung getreten?« – »Das MfS muss einiges Vertrauen in Sie gesetzt haben, dass man Ihnen eine spezielle Mission antrug?« – »Sie haben als Wissenschaftler in jungen Jahren eine steile Karriere gemacht und waren dann in einem sensiblen Bereich als Kader tätig. Und dies alles ohne Kontakt mit der Stasi?«– Krause schilderte Details angeblich gescheiterter Versuche des MfS, ihn zu gewinnen, und zwar mit solchem Eifer, dass der *Spiegel* nur noch Ironisches in den Sinn kam: »Wie Sie das schildern, waren Sie vorbildlich im Kampf gegen die finsteren Mächte des alten Systems.«

Das wiederum mochte Krause nun auch wieder nicht stehen lassen. »Das würde ich nicht sagen. Ich konnte mir nur einiges erlauben, weil die DDR nicht viele Wissenschaftler im Fachgebiet Informatik hatte. Im übrigen ist in den Akten ja auch festgehalten, dass man mich werben wollte, ohne dass ich dies merken sollte. Es steht ja drin, dass ich als Person nichts von den Versuchen einer Werbung als Informeller Mitarbeiter wusste.«

Diese Lesart hatte Krause in früheren Interview-Antworten benutzt, und als der *Spiegel* ihm empfahl, einfach seine Akte zu veröffentlichen – »die Namen der Denunzianten könnten ja geschwärzt werden« –, meinte er: »Das geht derzeit aus rechtlichen Gründen nicht. Wem nützte das auch? Ich muss im übrigen auch nicht auf Dauer Verkehrsminister bleiben, ich klebe nicht an dem politischen Amt. Ich habe einen ordentlichen Beruf, den ich gerne mag. Ich möchte aber erst mal dazu beitragen, im Schlüsselbereich der Verkehrspolitik den Aufschwung in der DDR in Gang zu setzen.« Das war keine Antwort auf den Vorschlag, wie man Unterstellungen, ob einer »Täter« oder Opfer gewesen sei, aus der Welt räumt.

Im Übrigen: Welche »rechtlichen Gründe« im Umgang mit den »Stasi-Akten« hatten bis dahin jemals eine Rolle gespielt? Weder wurde je nach den Personen gefragt, die sie irgendwann angelegt hatten, noch deren Glaubwürdigkeit irgendwann überprüft!

Auch dem *Spiegel* schienen Krauses krause Auskünfte nicht gereicht zu haben, denn man ging der Sache nach und teilte in Heft 32/1991 mit: »Bundesverkehrsminister Günther Krause (CDU) hat offenbar doch engere Kontakte zum ehemaligen Ministerium für Staatssicherheit (MfS) der DDR gepflegt, als bisher zugegeben. Der auf ihn angesetzte ehemalige MfS-Offizier räumte gegenüber *Spiegel-TV* zwar ein, Krause habe ›kein inoffizieller Mitarbeiter der Staatssicherheit werden‹ wollen. Seine Weigerung, sich anwerben zu lassen, habe jedoch im ›Widerspruch‹ zu seiner bereitwilligen Mitteilsamkeit gestanden. Bei ›mehreren Treffen (mindestens fünf, höchstens acht)‹ im Jahre 1989 habe der damalige Arbeitsgruppenleiter an der Technischen Hochschule Wismar ›mitunter aus eigenem Antrieb interne Informationen und Lageeinschätzungen aus den Bereichen Partei (CDU), Hochschule und Kirche‹ weitergegeben. Die in einer Vorlauf-Akte zusammengefassten Informationen seien vom MfS als ›bedeutsam‹ gewertet worden. Unter anderem habe Krause bei den Treffen versucht, den damaligen Rostocker CDU-Bezirksvorsitzenden zu kippen, »da er nicht in der Lage sei, die Partei so zu führen, wie dies notwendig sei«.

Und wer immer noch Zweifel hegen sollte, ob am Tag der Unterschrift schon alle »Akten« durchgesehen worden waren, sollte daran erinnert werden, was der ehrenwerte Wolfgang Schäuble in seinem Buch versichert hatte: »Übrigens spielten auch die Stasiakten in den Verhandlungen eine nicht unbeträchtliche Rolle. [...] Trotz aller Schutzvorkehrungen, die ich mir noch ein Stück besser gewünscht hätte, werden den Bürgern des vereinten Deutschland wohl noch manche Prüfungen aus der Hinterlassenschaft der Stasi nicht erspart bleiben. Die Bürger müssen versuchen, sich dagegen zu immunisieren. Es sind [...] zahllose Telefongespräche zwischen Bonn und West-Berlin, vornehmlich im Bereich von Politik und Verwaltung von der Stasi mitgeschnitten worden. Von vielen Abhörprotokollen gibt es Kopien in den Händen von Leuten, die Unheil stiften oder sich schlicht bereichern wollen. In der ersten Jahreshälfte 1990 wurden solche Kopien dem Verfassungsschutz und dem Bundesnachrichtendienst zugespielt. Ich entschied spontan, das Zeug zu vernichten. Wir haben dann ein Gesetz veröffentlicht, das Veröffentlichungen aus solch rechtswidrig abgehörten Telefonaten unter Strafe stellt.

Es sollte verächtlich gemacht werden, wer sich im Nachhinein der Stasi bedient.

Mit welcher Reife die Deutschen mit diesem Problem umgehen, kann der Gesetzgeber nur vorprägen, nicht entscheiden. Hier tragen auch die Medien Verantwortung.«

Das verdient Wort für Wort gelesen zu werden.

Krause hatte also – so man Schäuble nicht maßlos missversteht – auch unterschrieben, dass Unterlagen vernichtet wurden, die enthielten, was zwischen Bonn und Westberlin vereinbart worden war, und das Schicksal der DDR betraf. Dafür war vereinbart worden, Akten stapelweise zu verbreiten, die die Existenz – und nicht selten auch das Leben – manches DDR-Bürgers zerstörte, weil Verdächtigungen verbreitet wurden, die verheerende Folgen hatten.

Eher als Fußnote sei hier eingefügt, was Krause im Oktober 2010 in einem Interview mit der *Mitteldeutschen Zeitung* vom 6. Oktober 2010 mitgeteilt hatte: »Es hat ja auch viele ehrliche Leute unter den Genossen gegeben, das pauschale Urteil über SED-Mitglieder ist deshalb schäbig.«

Ditfurths »Ermittlungen«

Christian von Ditfurth, angesehener bundesdeutscher Autor, dessen Politbücher so hohe Auflagen erreichten wie seine Kriminalromane, brachte 1991 den Titel »Blockflöten – Wie die CDU ihre realsozialistische Vergangenheit verdrängt« heraus. Er öffnete es mit dem Zitat von Pfarrer Eppelmann: »Wer aus unserer Partei in der früheren DDR auf einem Paradepferd durchs Ziel geritten ist, muss heute auf einen Esel umsteigen.«

Ditfurth verriet den Lesern im Vorwort: »Mein Versuch, das Parteiarchiv der Ost-CDU zu benutzen, schlug fehl. Es war schnell der Konrad-Adenauer-Stiftung zugeschlagen worden. Ich will hier nicht unterstellen, dass diese Aktion dem Zweck diente, es für einige Jahre aus dem Verkehr zu ziehen. Aber dies ist das Ergebnis. Denn nun muss es in die Registratur des West-CDU-Archivs einsortiert werden. Das dauert lange. Aber immerhin wurde mir angeboten, Quellen bis zum Jahr 1961 einzusehen – zu alt für meine Zwecke.«

Das galt in gewisser Hinsicht auch für Günther Krause mit dem Geburtsjahr 1953.

Dennoch fand von Ditfurth verblüffend viel über Günther Krause. Zum Beispiel über seine Rolle auf dem CDU-Parteitag 1987 in Dresden. Der hatte immerhin nur drei Jahre vor jener Unterschriftsleistung getagt.

Von Ditfurth: »Auf dem Parteitag hatte nicht nur Joachim Herrmann (*Mitglied des SED-Politbüros und für die Informationspolitik zuständiger ZK-Sekretär – K. H.*) seinen Auftritt, sondern auch der heutige Bundesverkehrsminister Günther Krause, der in seiner offiziellen Biografie, nachzulesen im Bundestagshandbuch, die Tatsache unterschlägt, dass er Kreisvorsitzender der CDU in Bad Doberan gewesen ist. Die Parteitagstribüne nutzte er auch, um darüber zu klagen, dass die Betriebssysteme der Computer aus DDR-Betrieben zum Teil inkompatibel seien zu internationalen Standardprogrammen, ›dass die DDR-Eigenproduktion dieser unserer sozialistischen Planwirtschaft doch eigentlich auf den Leib geschneiderten Forderung nicht oder ungenügend folgt‹. Aber sonst spricht Günther Krause vor allem über sich. Man muss lange suchen in Parteitagsprotokollen, um auf einen ähnlichen Fall von Profilierungssucht zu treffen wie in diesem Fall, wenn man überhaupt Vergleichbares findet.

›Unter meiner Leitung‹ wurde ein System zur Automatisierung des Containerverkehrs entwickelt.

›Unter meiner Leitung‹ wurde die Software dafür geschrieben. Er geht ein auf Vorschläge des Hauptvorstands zur CAD/CAM-Technik (computergestützte Entwicklung/computergestützte Fertigung), ›an denen ich mitgearbeitet habe‹.

Da der zuständige Minister diese Vorschläge als gründlich analysiert bezeichnet und ihnen zubilligt, dass sie die entscheidenden Wirkungsfaktoren für den effektiven Einsatz der CAD/CAM-Technik getroffen haben, haben wir den Daumen sicher an die richtige Stelle gelegt‹, freut Krause sich.

Und: ›Ich begrüße es sehr, dass mir diese Vorschlagstätigkeit unserer Partei zugleich die Möglichkeit eröffnet hat, an zentraler Stelle ein Vorhaben von voraussichtlich beachtlicher volkswirtschaftlicher Bedeutung anzuregen und bei seiner eventuellen Realisierung mitzuwirken. Hier ist unsere Partei auf einer wichtigen wirtschaftspolitischen Strecke direkt am Ball, und das kann mir auch als Parteifunktionär nur recht sein.‹ (Bulletin des Parteitages, S. 16)

Man sieht, der Mann brennt vor Ehrgeiz und dies auf einem Feld, das der SED-Führung besonders wichtig ist. Ganz wie in der gesamten DDR, spielt es auch an der Ingenieurhochschule Wismar kaum eine Rolle, was das

Parteitagsprojekt des rechnergestützten Containerumschlags kosten wird – am Schluss, als das Unternehmen zur Wendezeit eingestellt wird, werden es rund acht Millionen Mark der DDR sein. Schon zuvor wurden Mitarbeiter des Dr. Krause von heftigen Zweifeln geplagt, ob sich das Ganze überhaupt realisieren ließe. Die Skepsis mündete in einigen unschönen Titulierungen zur Bezeichnung des nicht zu bremsenden Ehrgeizes des späteren außerordentlichen Professors, die aus Gründen der Höflichkeit hier nicht wiedergegeben seien. Ein Jahr Planverlust war bereits zu verzeichnen. Aber Krause ließ sich nicht infizieren von solcherart Realismus, wohl auch weil es für ihn keine bessere Möglichkeit gab, sich gegenüber den Mächtigen ins rechte Bild zu rücken. Die Informatik war die Königsdisziplin des realen Sozialismus, und die Informatiker standen in der Sonne.

Schließlich kämpften Honecker und Mittag um das Überleben ihres am finanziellen Abgrund stehenden Staates, und in dieser verzweifelten Lage war fast jedes Abenteuer recht, wenn es die internationale Konkurrenzfähigkeit der DDR zu verbessern versprach. Das wusste Günther Krause, und er verstand es, seinen persönlichen Beitrag zur Stärkung des Sozialismus herauszustellen.

Obwohl hier angemerkt werden muss, dass die Informatikerkarriere des Dr. Krause nicht den üblichen Bahnen folgte.«

Dieser Feststellung Ditfurths folgten Hinweise auf jene schon erwähnte Habilitationsaffäre, die allerdings nicht ganz mit der zitierten »Gegendarstellung« übereinstimmten, doch wurde bislang nicht bekannt, dass der Darstellung des Ditfurth-Buches eine »Gegendarstellung« gefolgt war. Daraus mag jeder seine eigenen Schlüsse ziehen.

Die »abweichende« Ditfurth-Version lautete: »1984 legte er seine Dissertation vor, der schon 1987 die Habilitationsschrift folgte. Rekordtempo für DDR-Verhältnisse. Die Habilitationsschrift präsentierte er an der Universität

Rostock, weil es den Fachbereich Datenverarbeitung in Wismar nicht gab, und plötzlich tauchte Gefahr auf für Krauses Karriere. Denn einer der drei Rostocker Gutachter, der Direktor der Sektion Informatik, Professor Kutschke, meldete Zweifel an angesichts des ›dünnen‹ Informatikteils von Krauses Elaborat und erklärte, er werde ein Negativgutachten verfassen, wenn ihm die Arbeit zur Beurteilung übergeben werde. Daraufhin schickte Rektor Heinrich Preuß den Dekan des Fachbereichs Naturwissenschaft und Technik, Professor Gerhard Müller, nach Rostock, weil befürchtet werden musste, dass das Verfahren zur akademischen Beförderung des Dr. Krause ›gegen den Baum lief‹. Daraufhin zog der spätere Verkehrsminister seine Arbeit zurück, tat, als wäre nichts geschehen, und schaffte es mit Hilfe des SED-Rektors Heinrich Preuß, dass der Rat für akademische Grade beim Hochschulministerium in Berlin der Ingenieurhochschule Wismar die Sondererlaubnis zusprach, Krause den gewünschten akademischen Segen zu erteilen. Es wurde einfach das Thema gewechselt und aus der Informatikhabilitationsschrift eine Arbeit über Maschinenbau. Als hilfreich erwies sich auch, dass der kritische Gutachter Kutschke ausgewechselt wurde. Die Fakultät für Naturwissenschaft und Technik nahm sich des Aspiranten an, und dann lief alles zur allgemeinen Zufriedenheit. Professor Gerhard Müller kann sich an einen zweiten Fall einer solch merkwürdigen akademischen Beförderung nicht erinnern.« (Fußnote: Die Angaben zu Günther Krauses akademischer Karriere entstammen eigenen Recherchen und dem inzwischen eingestellten Magazin *extra* Nr. 17 und Nr. 27/1991)

Bald darauf wandelte sich der Oberassistent Krause zum Dozenten mit Lehrbefugnis und zum Wissenschaftsbereichsleiter Informatik, also zu Wismars höchstrangigem Datenverarbeiter. Um jedes Missverständnis auszuräumen: Die Affäre um den akademischen Aufstieg des Günther Krause datiert aus DDR-Zeiten und lässt kaum den

Schluss zu, dass er damals etwa den Ruf eines »Widerständlers« genoss. Das sei ohne jegliches Werturteil konstatiert, sondern nur erwähnt, um den Weg Krauses zu erhellen.

Krause versicherte später gern, dass er zum Zeitpunkt seiner Parteitagsrede bereits vom nahen Ende des realen Sozialismus überzeugt gewesen wäre, woran hier nur deshalb darauf aufmerksam gemacht werden soll, weil er das tief in seinem Innersten bewahrt haben muss und auch sonst kaum jemanden spüren oder gar wissen ließ, dass er sich schon seit Jahr und Tag um den Untergang der DDR bemüht hätte.

Auch wenn die Bauern Eier werfen

Krauses Kurven im Lebenslauf haben sich damit nicht erschöpft. Das eine und das andere geriet nur in Vergessenheit. Übereinstimmend sind die Darstellungen des erfolgreichen Besuch der Erweiterten Oberschule. Der nächste Abschnitt aber offenbart die erste Problemlücke: Nach eigenen Aussagen hatte Krause ursprünglich Kirchenmusiker werden wollen. Unterlagen dazu sind kaum zu finden, obgleich, wie er in Umlauf brachte, ihm dieser Lebenswunsch »verweigert« worden war. In dem Land, in dem er heute lebt und in dem angeblich jeder den Beruf wählen kann, der ihm gefällt und auch jede Möglichkeit erhält, ihn zu erlernen und auszuüben, stützt diese Behauptung die These vom »Unrechtsstaat«. Natürlich: Denn hierzulande kann jeder Kirchenmusiker werden, der es will. Ob er auch in der Kirche Musik machen darf, steht auf einem anderen Blatt.

Krause, heißt es, wäre ein Forschungsstipendium versagt worden war, weil er ein zu »engagierter Christ« gewesen sei. Was einmal mehr die möglicherweise manchen interessierende Frage aufwirft: Was geschah mit derlei »gefährlichen Elementen«? Erging es ihnen etwa wie dem stellvertretenden Ministerpräsidenten Otto Nuschke, den man 1953 nach Westberlin verschleppte und dort in eine Polizeizelle sperrte?

Nein, sie kamen auf den Bau. Nicht zum Plattenverschrauben, denn Krause machte im Wohnungsbaukombinat Rostock 1984 seinen Dr.-Ing. Als »engagierter Christ«? Vergaß der sonst so korrekte Schäuble dieser Frage auf den Grund zu gehen? Promotionen erfolgen doch wohl kaum auf Gerüstleitern oder in Krankabinen. Wem das zu primitiv klingt, muss sich daran erinnern lassen, dass solche Varianten in den Medien verbreitet werden.

So knapp die Zeit wegen der Vorbereitung des DDR-Liquidationsvertrages auch war, Krause fand immer Zeit – das gilt wohl bis heute –, sich mit Journalisten zu unterhalten. Ein Glück, möchte man konstatieren, denn viele seiner Antworten sind wichtige Zeitdokumente, die dazu beitragen, seine Persönlichkeit zu »entschlüsseln«.

Der *Landblatt*-Redakteur Peter Kamphausen befragte Krause einige Tage nach einer Demonstration 1990, bei der aufgebrachte Bauern ihn mit landwirtschaftlichen Wurfgeschossen empfangen hatten. »›Was ging Ihnen durch den Kopf, als Sie auf dem Alexanderplatz zu den Bauern sprechen wollten und man mit Eiern nach Ihnen warf?‹«

Seine Antwort kann zunächst mal als Beleg dafür gelten, dass damals durchaus nicht nur Jubel, Trubel und Heiterkeit die Bananen-Epoche begrüßte, aber auch dafür, mit welchem Eifer Krause die Kollaboration betrieb.

›Ich habe geahnt, was auf mich zukommt. Die Probleme in der Landwirtschaft gehen ja wirklich unter die Haut. Deshalb habe ich das Gespräch mit den Bauern gesucht, auch wenn einige das durch den Einsatz von Eiern verhindern wollten. In vielen Gesprächen mit Bauern habe ich versucht klarzumachen, dass nicht die Wirtschafts-, Währungs- und Sozialunion für die Probleme verantwortlich ist, sondern dass wir mit den Methoden der Marktwirtschaft zur Zeit einfach noch nicht fertig werden. Jeder muss wissen, diese Regierung hat kein Interesse daran, dass es irgend jemand schlecht geht. Wir wollen möglichst ohne große Verluste die Vergangenheit überwinden und uns eine gesicherte Zukunft aufbauen.

Bereits am Donnerstag morgen bin ich bei Bauern in Stavenhagen gewesen, um vor Ort mit ihnen gemeinsam zu beraten, was zu tun ist. Auch hier zeigte sich, dass das Geld noch nicht da ist, wo es gebraucht wird.‹

Frage: Auf dem Alex sprachen Sie wiederholt davon, dass Geld für die Bauern bereitsteht. Woran liegt es, dass sie es nicht bekommen?

Antwort: […] Das ist wie bei einem Organismus, dem man Blut entzieht, anstatt Konserven nachzufüllen. So war auch der Kollaps in der Landwirtschaft unausweichlich. Wir sind also mit den Instrumentarien zu dilettantisch umgegangen. […] Ich denke, der Finanzminister einer Marktwirtschaft muss Interesse haben, zur Verfügung stehendes Geld rasch wirksam einzusetzen. Das ist nicht geschehen.

So wurde in der Bevölkerung die Irritation erzeugt, es würde Geld fehlen. Nun stellt sich heraus, dass eben von diesen Leuten das Geld nicht oder nur schleppend verteilt wurde. Ich denke, das ist Wahlkampf. […]«

Wer diese Worte heute liest, ahnt, wie damals auch von Krause Wahlkampf geführt worden war: Geld? Kein Problem, nur die Überweisungen brauchen eben ihre Zeit!

»Frage: Sind Maßnahmen ins Auge gefasst, um diese Prozedur zu beschleunigen, von der Regierung war von weiteren Sofortmaßnahmen zu hören?

Antwort: In Stavenhagen sagte man mir, dass bereits 12 Stunden nach der Demo beim Bezirk Geld eingegangen ist. Ich werde mich jetzt dafür einsetzen, dass die Mittel auf kürzestem Weg zu den Bauern kommen, die Bezirke bei der Übergabe der Liquiditätshilfen nicht mehr dazwischenstehen. Ganz wichtig ist, die Interventionsgelder in kürzeren Zeiträumen den Bauern bereitzustellen. Das muss, so glaube ich, derzeit in 8 bis 10 Tagen geschehen. Heute dauert das noch 30 Tage und länger. […] Wir werden eine Lösung finden.

Frage: Für die Regierung hat die Landwirtschaft zwischen Ostsee und Thüringen also eine Überlebenschance?

Antwort: Ja, natürlich.«

So natürlich war das nun wieder nicht. Noch heute gehört zu den führenden Vokabeln der »Beschreibung« der DDR der Begriff »Zwangskollektivierung« und den muss man niemandem erklären. Dass sich ein respektabler Teil der angeblich durch Zwang entstandenen landwirtschaftlichen Genossenschaften in der »Freiheit« entschied, weiter – nach den neuen Gesetzen variiert, aber im Grunde als Genossenschaft – zu existieren, wird zwar nie erwähnt, wenn es gilt, den »Unrechtsstaat« an den Pranger zu hämmern, ist aber nicht zu leugnen. Noch heute wird mehr als ein Viertel der landwirtschaftlichen Nutzfläche der früheren DDR-Bezirke von Genossenschaftsnachfolgern beackert, in Thüringen sind es sogar 43 Prozent.

Das ist keinesfalls Krauses Verdienst oder das einer Bundesregierung, wohl aber eine aufschlussreiche Ergänzung der damaligen Auskünfte. Denn der Reporter hatte Krause auch gefragt: »Sie haben also die Zuversicht, dass noch viele LPG das Jahr 1991 erleben?

Antwort: Das ist keine Frage. Wir brauchen doch die Landwirtschaft, nur müssen wir ihre Umstrukturierung bewältigen. Eine kleine Arbeitsgruppe in meinem Bereich arbeitet bereits an Ideen, die auch die Zukunft unserer Landwirtschaft berühren. Ich denke dabei an nachwachsende Rohstoffquellen. Ich könnte mir vorstellen, dass wir in Deutschland Wege finden, so den Ernährungsbereich zu entlasten, ohne Einkommenseinbuße für den Landwirt. Vorstellbar wäre doch, durch einen verstärkten Rapsanbau zur Ölgewinnung für eine industrielle Brennstoffnutzung zu kommen. Erste Unternehmen interessieren sich bereits für Pilotprojekte, die in Mecklenburg-Vorpommern erprobt werden könnten.«

Was daraus wurde, war den schon erwähnten aktuellen Zahlen des Genossenschaftsverbandes zu entnehmen.

Und wie Krause damals versprach, die brennendsten Probleme der Landwirtschaft zu lösen, verrät die Antwort auf die nächste Frage des Reporters.

»In Rostock sollen mehrere Kühlschiffe bereit liegen, um Fleisch aufzunehmen. Können die Bauern darauf bauen?

Antwort: Ja. Derzeit wird in enger Abstimmung mit der Bundesregierung der Export größerer Fleischmengen aus der DDR vorbereitet. Das bringt sicher eine Entlastung.«

Kaum war das Landwirtschaftsblatt versorgt, erklärte Krause dem Gewerkschaftsorgan *Tribüne* die Lage.

»Frage: Offensichtlich ist ja die Stimmung vor dem 3. Oktober keineswegs mehr so euphorisch, wie es diesem historischen Ereignis vielleicht angemessen wäre.

Antwort: Den Eindruck kann ich so nicht teilen. Sie haben sicher recht, dass viele Bürger den Strukturwandel, die damit verbundene Unsicherheit der Arbeitsplätze und viele andere Dinge mit Sorge verfolgen. Aber in diesem Zusammenhang fehlt es oft an Sachinformationen. Selbstverständlich sind für den Wandel einige Monate nötig. Das zeigen auch Sanierungskonzepte in der Bundesrepublik, die durchschnittlich 24 Monate veranschlagen.

Aber es steht doch fest, dass wir diesen Weg gehen müssen. Niemand in der DDR kauft zum Beispiel noch einen Trabant. Im Prinzip wird er nur noch nach Ungarn exportiert. Trotzdem halten wir die Produktion aufrecht, um VW – also einem deutschen Marktführer – entsprechende Voraussetzungen für den Einstieg zu geben. Doch das dauert eben zwei, drei oder vier Jahre, bis die gesamte Investition abgeschlossen ist. In diesen Übergangszeiträumen müssen wir leben lernen.«

Das las ich zweimal. Als »Errungenschaft« wurde vom Kollaborateur gepriesen, dass man die Trabant-Werkhallen nur noch betrieb, um dem »Marktführer« den »Einstieg« zu sichern? Dem »Marktführer«? Präziser wäre doch wohl: den Aktionären des »Marktführers«!

Nächste Frage. »Wichtig wird ja wohl sein, ob nach dem 3. Oktober wirklich der große Investitionsschub einsetzt. Haben Sie bei Ihren Gesprächen und Verhandlungen in Bonn diesen Eindruck gewonnen?‹

Antwort: Es war unsere politische Überzeugung, dass der große Investitionsschub erst nach der gesamtdeutschen

Wahl erfolgen wird. Deshalb ist die CDU ja dafür eingetreten, unbedingt den Wahltermin vorzuziehen, damit bis zu einem im Januar beginnenden neuen Staatshaushalt dieser Ansturm vorbereitet werden kann.

Frage: Viele Prognosen erwecken allerdings ein anderes Bild. Zum Beispiel was die Arbeitslosigkeit betrifft. Sind insofern die wachsenden Sorgen der Menschen nicht verständlich?

Antwort: Natürlich habe ich Verständnis für die Probleme der Bürger. Doch wir wollen die Probleme konstruktiv lösen. Sicher muss in diesem Zusammenhang auch ganz offen gesagt werden, dass 20 bis 30 Prozent der Arbeitnehmerinnen und Arbeitnehmer in den kommenden Jahren einen anderen Beruf erlernen müssen. Aber das ist doch nicht unsere Schuld, sondern das Ergebnis von 40 Jahren sozialistischer Misswirtschaft.«

Das war eine der typischen Kollaborateurs-Antworten und leicht zu widerlegen. Zum Beispiel: In der DDR-Stadt Wittenberge stand die modernste Nähmaschinenfabrik der Welt, und niemand leugnete das. Die wurde von Westkonkurrenten mit Hilfe der Treuhand stillgelegt und die meisten dort Tätigen landeten im Heer der Hartz-IV-Empfänger. Welchen Beruf hätten die Menschen in der Region – um der »Misswirtschaft« zu entgehen – erlernen sollen? Vielleicht den eines Anglers, weil das Elbufer lang war und für dieses Gewerbe genügend Möglichkeiten bot?

Krause hatte damals auf jede Frage eine Antwort.

»Oft hat man aber den Eindruck, dass es gerade an Mitteln fehlt, um diesen gewaltigen Umschulungsprozess zu sichern.

Antwort: Selbstverständlich ist dieses Problem vorhanden. Hier geht es aber konkret darum, was zum Beispiel die Arbeitsämter vor Ort machen. Hier haben wir noch Schwierigkeiten. Es ist doch so, dass es fast überall in der DDR Städtepartnerschaften gibt. Da liegt es doch wohl nahe, dass Vergleiche mit Städten in der Bundesrepublik gezogen werden. Wie ist dort zum Beispiel die Beschäftigungsstruktur, welche Berufsgruppen in welcher Größenordnung gibt es? Wir haben das einmal für Rostock untersucht. Wir könnten dort ohne Weiteres 50.000 bis 60.000 völlig neue Arbeitsplätze schaffen. Nun muss allerdings das dortige Arbeitsamt selbst organisieren, dass die entsprechenden Weiterbildungsmaßnahmen vorbereitet werden.«

Zum Vergleich hier die Zahlen von 2010: Die Zahl der Einwohner Rostocks ist um 22 Prozent gesunken, etwa um die 55.000, also fast jene Zahl der von Krause prophezeiten neuen Jobs. Ganz zu schweigen davon, dass die Stadt 29.199 Arbeitslose und ihre Familien versorgen muss.

Der Reporter fragte damals weiter: »Spätestens nach dem 14. Oktober werden diese Aufgaben in die Verantwortung der Länder übergehen. Muss dann nicht mit einer weiteren Zuspitzung der Lage gerechnet werden?

Antwort: Ich sehe das nicht so. Es hat doch nichts mit Geld zu tun, wenn sich der Direktor eines Arbeitsamtes ins Auto setzt, um sich in der Partnerstadt über die Lage zu informieren? Auf dieser Grundlage kann er dann eine wirkliche Konzeption erstellen. Und das ist oft der entscheidende Schritt. Es darf nicht mehr soviel ›nach oben‹ geschaut werden. Das funktioniert in der Marktwirtschaft eben nicht.«

Heute wirkt das »Krause-Rezept« – Arbeitsamtsleiter steigt ins Auto, fährt in die Partnerstadt im Westen, lässt sich erklären, wie man neue Arbeitsplätze schafft, kehrt zurück und handelt entsprechend – wie ein zynischer Scherz.

»Frage: Zu einem anderen Thema. Sie machen aus Ihrer Kritik an vielen Tarifabschlüssen, die gegenwärtig stattfinden, kein Geheimnis. Sehen Sie darin wirklich ein ernstes Investitionshindernis?‹

Antwort: [...] Was die Tarifabschlüsse angeht, so erschweren sie die Arbeit der Treuhandanstalt erheblich. Das

gilt vor allem für die Privatisierung vieler Unternehmen.
Frage: Läuft eine solche Darstellung in die Richtung Billiglohnland DDR?
Antwort: Keineswegs. Es muss doch ehrlich gesehen werden, dass die Realität so ist, dass die DDR nur 35, vielleicht 40 Prozent der Produktivität der Bundesrepublik erreicht. Und dem müssen natürlich auch die Löhne und Gehälter entsprechen. Wenn sich jetzt ein Unternehmer beispielsweise für die Chemischen Werke Buna – und dieses Beispiel ist nicht konstruiert – interessiert, aber dort Einkommensverbesserungen um 30 oder sogar 40 Prozent erfolgen, sinkt logischerweise sein Interesse, den Betrieb mit der gesamten Belegschaft zu übernehmen. Diesen Zusammenhang muss man einfach berücksichtigen. Es ist auch wichtig, dass der damit verbundene politische Zündstoff dann nicht der sozialen Marktwirtschaft angelastet wird.«

Wieder eine Doppelportion Krause-Logik: Die Arbeitsproduktivität der in der DDR Tätigen lag – laut Krause – bei 40 Prozent der in der BRD, was sich nur so erklären ließ, dass die in der DDR Tätigen Faulpelze waren. Hatte Prof. Krause diese Erfahrungen gesammelt, als er den DDR-Wohnungsbau modernisierte oder für den Hafen modernste Technik entwickelte? Wenn ja, bliebe noch die Frage, was der Wissenschaftler empfohlen hatte, um die im Osten Arbeitenden zu höheren Leistungen zu motivieren? Die Löhne nach der Geographie zu zahlen, ließe sich doch wohl kaum als Lösung empfehlen.

An manches, worüber er damals kühn und straff antwortete, muss man sich erinnern: »Wie steht es um das Vermögen der Gewerkschaften?

Antwort: Ich habe momentan Anträge auf dem Tisch, die die Handhabung des Feriendienstes angehen. Hier muss schleunigst gehandelt werden, damit die Treuhand durch entsprechende Maßnahmen eine weitere Verschlechterung der Situation verhindern kann. Voraussetzung dafür ist die Überführung in Staatseigentum. Und ich sage ganz offen, es geht auch darum, dass nicht ehemalige Funktionäre dieses Vermögen verscheuern und dabei die eigenen Taschen aufhalten.‹«

Um jüngeren Lesern mögliche Rätselfragen zu beantworten: Die DDR-Gewerkschaften hatten ihre Ferienheime mit den Beiträgen der Mitglieder finanziert und deren für jeden erschwinglichen Betrieb durch Subventionen unterstützt. Welche rechtliche Grundlage Krause im Sinn hatte, sie vom Gewerkschafts- in Staatseigentum umzuwandeln, verriet er nicht, doch wäre ein solcher Schritt nur als Enteignung zu deklarieren gewesen. Damals ließ sich so gut wie alles »empfehlen«, was nicht aus der DDR stammte. Und der Kollaborateur hatte viele flotte Sprüche bei der Hand.

Der Mann von der *Tribüne* erwies sich übrigens als gut informiert. Er stellte Krause eine Frage, deren Brisanz auf den ersten Blick nicht zu erkennen war: »Zum Einigungsvertrag. Heftige Diskussionen hat der § 116 des Arbeitsförderungsgesetzes ausgelöst. Wie beurteilen Sie diese Problematik?«

Bei diesem Paragrafen ging es um das Recht der Unternehmer, mittels einer Aussperrung der Arbeitnehmer Streiks zu verhindern. Ein bundesdeutsches Gesetz. Mitglieder der Gewerkschaft wurden bei Aussperrung aus der Gewerkschaftskasse entschädigt. Dass dieser Paragraf das in der DDR-Verfassung garantierte Recht auf Arbeit außer Kraft setzte, lag auf der Hand. Und was meinte Krause dazu? »Ich gehe davon aus, dass es so sein wird, dass der § 116 übernommen wird in der Form, wie er heute in der Bundesrepublik existiert.

Frage: Aber dieser Paragraf, der die ›kalte Aussperrung‹ sanktioniert, ist selbst dort sehr umstritten und steht wohl auch im Widerspruch zu Übereinkünften der Internationalen Arbeitsorganisation.

Antwort: Das ist ein ganz anderes Problem. Wenn der Paragraf wirklich so umstritten ist, muss es dem neuen deutschen Gesetzgeber überlassen werden, ob er verändert wird. […] Ich bin jedoch sicher, dass die Mehrheit den § 116 in der Form will, wie er jetzt ist.«

Welche »Mehrheit« hatte Krause da im Auge? Dieser Aussperr-Paragraf war nur einer von vielen Fällen, in denen bundesdeutsches Recht in der DDR eingeführt und demokratische Rechte ausgehebelt wurden. Durch die Unterschrift des Herrn Krause, der mit der neuen Macht gegen die alte kollaborierte. Tatsächlich kämpften die westdeutschen Gewerkschaften schon lange vor Krauses Unterschrift gegen diesen Paragrafen und für dessen Abschaffung. Nun wurde sein Geltungsbereich sogar noch ausgedehnt.

Nach dem ostdeutschen *Landblatt* und der *Tribüne* fand Krause auch noch Zeit für die *Quick*. Dem westdeutschen Magazin gab er Einblick in seine politische Vergangenheit. »Schon 1986, als Gorbatschows politischer Kurs erkennbar wurde, diskutierte Krause mit guten Freunden über das absehbare Ende Honeckers und der sozialistischen Planwirtschaft«, hieß es da.

War das etwa auf dem Dresdner CDU-Parteitag 1987? Wie ist dann seine flammende Rede für die DDR und sein Engagement für das Computersystem im Rostocker Hafen zu verstehen? Wieso grübelte er damals noch über Hafencomputer, wenn sich der Zusammenbruch bereits abzeichnete?

»Quick: Gibt es etwas, das Sie stolz macht auf Ihr Verhandlungsergebnis?

Krause: Die Menschen in der DDR – vor allem die meines Jahrgangs um 1953 –, die aktiv die Wende durchgesetzt haben, haben immer darunter gelitten, keine nationale Identität zu haben. Jetzt, wo wir uns in einem einigen Deutschland wiederfinden und das neue Deutschland auch gestalten, verleiht uns diese entstandene Identität die Kraft für die bevorstehenden großen Aufgaben. Damit ich nicht missverstanden werde: Die nationale Identität hat nichts, aber auch gar nichts mit dem übertriebenen Nationalismus von gestern zu tun.«

In solchen Situationen war Krauses Bravour-Stil nur zu bestaunen. Die Nöte der Arbeitslosen zeichneten sich ab, Tausende Familien wurden auseinandergerissen auf der Suche nach Arbeit in der Ferne. Und was hieß »übertriebener Nationalismus von gestern«? Wer oder was sollte damit getroffen werden?

Der westdeutsche Journalist stellte diese Frage nicht. Statt dessen wollte er wissen:

»Wann hat die DDR den wirtschaftlichen Standard der Bundesrepublik erreicht?

Krause: Was in der Bundesrepublik in den letzten dreißig Jahren erreicht worden ist, müssen wir in drei, vier Jahren schaffen. […]

Quick: Und Sie glauben, das funktioniert?

Krause: Leider sitzen bei uns in den Arbeitsämtern noch zu viele SED-Genossen, die diesen Strukturwandel nicht kreativ befördern. Das muss ebenfalls anders werden.«

Inzwischen sind nicht »drei, vier Jahre« vergangen, sondern mehr als zwanzig, und die unkreativen SED-Genossen waren alsbald davongejagt und durch dynamische und kreative Kader aus dem Westen ersetzt worden. Und?

Ende August 1990 rückte die gemeinhin als besonnen und nachdenklich geltende Hamburger *Zeit* den DDR-Verhandlungsführer ins Licht und überraschte ihre gebildete Leserschaft: »Es war Krauses Verdienst, dass der Bundeskanzler am Freitag voriger Woche nach Ost-Berlin flog. Denn der 36-jährige Senkrechtstarter der DDR-Politik hatte sich mehr als sein Ministerpräsident abgerackert und aufgerieben für jenen Kompromiss, der die Volkskammer am Donnerstag frühmorgens um 2.48 Uhr die deutsche Vereinigung am 3. Oktober beschließen ließ. De Maizière selbst wäre lieber erst am 14. Oktober beigetreten.

Das warf erneut die Frage auf: Bestimmt der Bratschist de Maizière nur noch die politischen Zwischentöne an der

Spree, während bei konkreten Entscheidungen inzwischen Krause die erste Geige spielt?«

Die bei Zukunftsprognosen auch nicht fehlerlose *Zeit* ließ die Frage offen.

Schon bald war sie vom Leben beantwortet worden.

Krause ließ »nie den Drang verspüren, irgend etwas aus der alten DDR in das neue Deutschland retten zu wollen«, sagt Schäuble

Dass sich der verhinderte Kirchenmusiker Krause an der TH Wismar habilitierte und fortan seinem Namen das »Dr. sc. techn« hinzufügte, lässt darauf schließen, dass die Steine, die der »Unrechtsstaat« ihm in den Weg rollte, nicht allzu groß gewesen sein konnten. Im Gegenteil. Der akademische Aufstieg nährt den Verdacht, dass es sich hier um einen begabten Absolventen des exzellenten Bildungssystems der DDR handelte, der aus naheliegenden Gründen von diesem auch gefördert worden war.

Und was hatte es mit der Parteimitgliedschaft auf sich? Das Organ der Christlich-Demokratischen Union der DDR, die *Neue Zeit*, erwähnte sie in der Rückwendeära beiläufig: »Im Nebenamt wurde er CDU-Kreisvorsitzender.« Und damit niemand falsche Schlüsse zöge, fügte das Blatt hinzu, dass er in dieser Funktion keineswegs regimetreu gewesen sei, sondern ein »unruhevoller, unbequemer Streiter«. Was wiederum weder mit seinem von ihm selbst beschriebenen Verhalten noch mit den Ditfurthschen »Blockflöten«-Untersuchungen übereinstimmte. Aber wo passt in den Lebensläufen von Anti-DDR-Helden schon alles zusammen?

In jener Biografie in der *Neuen Zeit* hatte Krause seine Entscheidung für den Wohnungsbau mit dem Kommentar dekoriert, der zeitgeistgemäß war: Es sei sein Ziel gewesen, dort »nach Alternativen zur Tristesse des DDR-Wohnungsbaustandards« zu suchen. Was meinte er damit, worin bestand die »Tristesse«? Weil manche Satellitenstädte so aussahen wie das Märkische Viertel in Berlin-Reinickendorf, die Gropius-Stadt in Berlin-Neukölln oder das Falkenhagener Feld in Berlin-Spandau? Neu in seiner anderen Vita war, dass er »ab 1982 an der Wismarer Hochschule den Wissenschaftsbereich Informatik *aufbaute*« und sich »im Rostocker Hafen um den rechnergestützten Containerumschlag« kümmerte.

Der Mann zeigte sich ebenso umtriebig wie zielstrebig, ließ sich nicht von seinem und von Gottes Weg abbringen. Er sorgte sich um die wirtschaftliche Wohlfahrt des Landes auf vielen Feldern. Hatte er da überhaupt noch Zeit und Muße, um in einer Nische zu opponieren?

Aber ging es ihm nur um die DDR-Wirtschaft dabei?

Krause, so Wolfgang Schäuble in seinen Memoiren, »hatte die DDR nie eigentlich als sein Heimatland verstanden, sondern immer nur Deutschland«. Und warum war das so? »Er kam aus einer engagiert evangelischen Familie und war konfirmiert, hatte also nicht an der staatlich geförderten Jugendweihe teilgenommen. Er war immer in der evangelischen Jugend und in der kirchlichen Arbeit engagiert gewesen. Aber zugleich hatte er auch ganz selbstverständlich seinen Wehrdienst im Rahmen der Nationalen Volksarmee abgeleistet. Als gelernter Bauingenieur war er dann später Dozent für Informatik geworden und wurde noch während der Verhandlungen zum Einigungsvertrag habilitiert. Seine Fähigkeit, sich als Techniker und Naturwissenschaftler in kürzester Zeit in die ungeheuer komplizierten Zusammenhänge der Währungs-, Wirtschafts- und Sozialunion einzuarbeiten, hat mich schon als Beobachter dieser Verhandlungen fasziniert.«

Das überzeugt und erklärt gleichermaßen, wie Krause dank seines Intellekts zügig in der an Intellektuellen so armen DDR vorankam. Auf der gleichen Buchseite schrieb Schäuble auch einen Schlüsselsatz, an den man sich noch einige Male erinnern wird: »Im Gegensatz zu dem Ministerpräsidenten (*gemeint war Lothar de Maizière – K. H.*) ließ Krause nie den Drang verspüren, irgend etwas aus der alten DDR in das neue Deutschland retten zu wollen. Das erleichterte mir die Kooperation mit ihm.«

Das beantwortet im Prinzip fast die Frage, warum die Staatsverträge zwischen der BRD und der DDR nicht von deren Ministerpräsidenten, sondern von einem Staatssekretär unterzeichnet wurden.

Nicht die Vergangenheit, sondern die Anpassungsfähigkeit qualifizierte Krause. Jedem anderen DDR-Politiker mit vergleichbarer Vita hätte man alsbald aus dem Amt gefegt. Christian von Ditfurth fand nämlich auch heraus: »1986 bat Günther Krause den Kreissekretär der Bad Doberaner CDU, der SED-Kreisleitung anzubieten, ihn als Referenten über Informatikthemen auftreten zu lassen. Obwohl er kaum Zeit hatte durch sein Container-Engagement [...], übernahm er im Jahr darauf den Kreisvorsitz der Unionsfreunde in Bad Doberan. In einem Zeitungsinterview rühmte er sich später, 1988 die Verantwortung für eine Veranstaltung mit Jugendlichen getragen zu haben, in der über den Schießbefehl diskutiert worden sei. (*Neue Zeit*, 9. September 1991)

Er hat »vergessen«, dass er diese Veranstaltung *gemeinsam* mit der Kreisleitung der SED durchgeführt hatte.

Warum bekennt sich Günther Krause nicht zu seiner Loyalität, die zu bekunden er vor der Wende für so wichtig hielt? Und ohne die er vermutlich niemals Reisekader geworden wäre, also ins kapitalistische Ausland hatte fahren können – im Unterschied zu vielen anderen DDR-Bürgern, die nicht minder loyal zur DDR standen. Zum Staatsverständnis eines CDU-Kreisvorsitzenden gehörte auch das, was ein ehemaliger MfS-Mitarbeiter gegenüber *Spiegel-TV* eidesstattlich versicherte, Krause habe »bereitwillig und mitunter aus eigenem Antrieb, das heißt ohne konkrete Aufforderung, interne Informationen und Lageeinschätzungen aus den Bereichen CDU, Hochschule und Kirche«, an ihn weitergegeben. In einem Interview mit dem *Spiegel* (Nr. 17/1991) bestritt Krause diese Darstellung und erklärte, dass die Staatssicherheit ihn bedrängt habe.

Krause verhielt sich selbst im Herbst 1989 mehr als loyal gegenüber der SED und der DDR. Anfang November unterzeichnete er gemeinsam mit dem für Agitation und Propaganda zuständigen Sekretär der SED-Kreisleitung Bad Doberan eine Erklärung, die das Ergebnis einer Beratung der SED-Kreisleitung zum Gegenstand hatte und welche in der *Ostsee-Zeitung* am 10. November 1989 veröffentlicht wurde. Den SED-Funktionär duzte der CDU-Funktionär Krause übrigens damals wie andere Mitglieder der Einheitspartei auch, was für ihr gutes und offenes Verhältnis sprach.

Im November beantragte Krause beim Parteisekretär der Wismarer Hochschule einen Schaukasten für die CDU, in dem er als erstes das Positionspapier der DDR-Christdemokraten aushängte. Darin erklärte sich die CDU als eine Partei des Sozialismus. Auf einer Versammlung an der Hochschule würdigte Krause laut Aussagen von Teilnehmern unüberhörbar den am 18. Oktober zurückgetretenen Erich Honecker.

Solche und ähnliche Bekundungen kennen wir aus allen Teilen der DDR, und insofern überrascht es nicht, dass auch Günther Krause damals zu den engagierten Verteidigern und Reformern des DDR-Sozialismus gehörte. Nicht minder unüblich war es, das viele von diesen Leuten alsbald eine Kehrtwende um 180 Grad vollzogen und von dieser ihrer Vergangenheit nichts mehr wissen wollten oder sie umdeuteten. Aus Aktivisten, die nun Täter hießen, wurden Getriebene und Verfolgte, also Opfer, mindestens aber Oppositionelle. So auch Krause.

Nachdem Günther Krause binnen weniger Wochen den Sozialismus aus seinem Kopf vertrieben hatte, handelte er mit Wolfgang Schäuble den Einigungsvertrag aus und sicherte sich die vorläufige Krönung seiner Politikerlaufbahn.

Ein Mann, der ihn seit Jahren gut kennt, sieht als hervorstechende Eigenschaft Krauses dessen Fähigkeit, den richtigen Zeitpunkt vorauszuahnen, wann er die einen verlassen und sich an die anderen anhängen muss. So heißt es bei Ditfurth.

In der »neuen« Zeit

Von März bis Oktober 1990 war Krause Parlamentarischer Staatssekretär beim Ministerpräsidenten der DDR. Nach der »Vereinigung« am 3. Oktober 1990 wurde er als Bundesminister für besondere Aufgaben in die Regierung Kohl berufen. Nach der Bundestagswahl 1990 war er am 18. Januar 1991 zum Bundesminister für Verkehr ernannt worden. Am 6. Mai 1993 erklärte er seinen Rücktritt von diesem Amt.

Die Ereignisse, die zwischen jener in Rede stehenden Unterschrift und seinem Rücktritt lagen, würden allein mehr als ein Buch füllen, wobei es schwer fiele, Krauses Wirken als selbstlosen Einsatz für das Gemeinwohl, schon gar nicht für seine ostdeutschen Landsleute zu deuten. Selbst bei größter Zurückhaltung käme man kaum um die Aussage, dass die meisten seiner Schritte ausschließlich dem eigenen Vorteil dienten. Zumal durch den von ihm arrangierten »Beitritt« sich für ihn nun Felder eröffneten, die in der DDR niemals zur Verfügung standen. Als Vorteil erwies sich dabei, dass er der Bundesrepublik Deutschland mit seiner Unterschrift einen unbezahlbaren Dienst erwiesen hatte, was er glaubte angemessen honoriert bekommen zu müssen. Wobei sich seine Kollaborationstätigkeit nicht im Unterschreiben erschöpfte.

Der Mann, der einst enormes Interesse bekundet hatte, »Alternativen zur Tristesse des DDR-Wohnungsbaustandards« zu entwickeln, kümmerte sich nun um einträglichere »Alternativen.«

Auch jetzt sei sicherheitshalber der *Spiegel* zitiert, weil Krause das Nachrichtenmagazin nie mit einer »Gegendarstellung« behelligte, womit ich also auf der sicheren Seite bin. »Dem mecklenburgischen Ostseedorf Börgerende steht, so prophezeien es seine Berater, eine goldene Zukunft bevor. Ein gewaltiges Tourismusprojekt mit Yachthafen vor der Küste [...], und ›Anlagen von hohem Standard für Freizeit, Tourismus und Entspannung‹ sollen das verschlafene Kaff (293 Einwohner) nahe Rostock schon bald zu einem ›erstklassigen Ferienort‹ machen. Hotels mit modernsten Konferenzräumen sehen die Planungen einer ›Werker Wasserbau GmbH‹ für das rund 226 Hektar große Gelände am Ostseestrand vor. Dazu Villen und Strandhäuser mit fast 9.000 Betten, eine Tauchschule sowie eine tropische Schwimmhalle, [...] Dass Börgerende mit Hilfe des Westens zum größten Ostseebad zwischen Lübeck und Rostock aufsteigen könnte [...], dafür steht vor allem der prominenteste Bürger des Fleckens: Bundesverkehrsminister Günther Krause, 38«, hieß es am 16. Dezember 1991 im *Spiegel* unter der verheißungsvollen Überschrift »Der zieht die Ostsee vor die Tür«.

»Frühzeitig brachte der Christdemokrat die kommunalen Entwicklungshelfer mit dem schleswig-holsteinischen Tourismus-Manager und CDU-Parteifreund Gerhard Allerdissen, 50, zusammen. Der schillernde Kaufmann, belastet durch Vorstrafen und Bauaffären hatte die Idee für das Großprojekt. Die nötigen Gelder, so beruhigte er Skeptiker werde ›Krause in Bonn schon lockermachen‹ (ein Gemeindevertreter).«

Der *Spiegel* hatte auch herausgefunden: »Zwar will sich der Minister ›in keiner Weise persönlich für dieses Projekt engagiert‹ haben, doch ebnete er dem geplanten ›Freizeitpark‹ nach Kräften den Weg. Als es etwa Ende April im Ortsparlament um die ›Entwicklung Börgerendes zum Seebad‹ ging, waren Krause und Allerdissen als Gäste geladen. Gemeindevertreter, die dem hohen Gast das Rederecht absprechen wollten, wurden von Krause abgebürstet. Er habe als Minister das Recht, jederzeit und überall zu reden. [...]

So lief es auch jüngst wieder, auf einer Einwohnerversammlung am letzten Novembertag. Weil angeblich kein Stuhl im gutbesuchten Kneipensaal des ›Ostsee-Stern‹ mehr frei war, nahm Bürger Krause wie selbstverständlich im Versammlungspräsidium Platz. [...] Nach der Erinnerung von Bürgermeister Siegfried Baumgardt (Neues Forum) wären aber ›noch Stühle frei‹ gewesen.

Die von CDU und FDP bestimmte Versammlung war Krause so wichtig, dass er herbeieilte, obwohl er krank geschrieben war und in derselben Woche mit angeblicher Bronchitis und Kreislaufschwäche eine Vorladung vor den Schalck-Untersuchungsausschuss abgesagt hatte.

Gemeindepastor Eckhard Prill, der als gewählter Kirchenmann im Ortsparlament sitzt, erinnert sich, die Veranstaltung sei ›reine Wahlpropaganda‹ für das umstrittene Objekt gewesen.«

Offenkundig stieß nicht nur dem *Spiegel* die Gutherrenart des Bundesministers sauer auf. Mehr noch: Das Nachrichtenmagazin störte auch, dass Krause herumeierte.

»Wiederum vermied Krause [...] ein klares Ja. Er mischte sich aber ständig in die Diskussion ein, kritisierte ein Konkurrenzobjekt und machte, wie Baumgardt umschreibt, aus seiner ›wohlwollenden Distanz‹ keinen Hehl. Er bot sogar eine Überprüfung an, ob die Verkehrsinfrastruktur im Küstenlandstrich ausreichend sei, und stellte Fördermittel aus dem ›Gemeinschaftswerk Aufschwung Ost‹ in Aussicht.

Der vermeintlich selbstlose Einsatz ihres prominenten Bürgers (›Es kann doch nicht sein, dass meine Heimatgemeinde Nachteile erlangt, nur weil ich da wohne‹) spaltet das Dorf inzwischen ebenso in verfeindete Lager wie der Streit um das gigantische Projekt. Denn von den ehrgeizigen Tourismus-Plänen profitieren, gewollt oder nicht, auch Krause und Familie. Haus und Grundstück seiner Schwiegereltern Jochen und Waltraud Boldt in der Börgerender Seestraße, Wohnsitz auch von Krause und Frau Heidrun samt Kindern, lägen künftig kaum mehr als einen Steinwurf von der geplanten Marina mit direktem Ostsee-Zugang entfernt.

Dem *Spiegel* gegenüber räumten die Schwiegereltern ein, sie wollten alsbald ›alles der Tochter überschreiben‹. Dann ›zieht sich Krause die Ostsee bis vor die Haustür‹, schimpft ein Beamter der Kreisverwaltung.«

Diese Aktion war eine der ersten aus der Vielzahl der publik gewordenen Vorhaben, mit denen Krause in schöner Regelmäßigkeit seine Mitmenschen überraschte. Auf einige abenteuerliche will ich noch zu schreiben kommen, zunächst bleiben wir beim Projekt Börgerende.

Wer heute nach dem attraktiven »Seebad Börgerende«, den von Seglern wie Urlaubern aller Herren Länder angesteuerten Ostseehafen, sucht, erfährt aus einer vor Ort verteilten Werbeschrift: »Eine ruhige und ansprechende Neubebauung bewahrte den ursprünglichen Charakter des schönen mecklenburgischen Fischer- und Bauerndorfes. An einem ruhigen und romantischen Strand finden sie ausgezeichnete Wasserqualität.«

Blick hinter die Fassade

Jeder Leser weiß, dass sich nach Krauses Unterschrift viel zwischen Elbe und Oder veränderte. Alte Häuser wurden renoviert, neue schnittige Autos erschienen auf den verbreiterten Autobahnen, bestrahlte Hotels mit Luxussuiten lockten Gäste aus der Ferne, Bananen stapelten sich in Kaufhallenfenstern und aller Glanz blühender Landschaften wurde als Lohn der Freiheit gepriesen.

Allerdings landeten zwischen Elbe und Oder nicht alle an den La-Ola-Ufern und Elend, wie es die angebliche Unrechtsrepublik nie gekannt hatte, nahm in beispiellosem Umfang zu. Nur mit Hilfe kostspieliger Computer ließ sich wachsendes Elend niederrechnen und die Zahl der Arbeits- und später Obdachlosen in vielen Tabellen verscharren.

Kaum war Krauses Unterschrift getrocknet, füllten sich die Wartesäle der Ämter, die Arbeit vermitteln sollten. Hinter den Schaltern wuchsen Rat- und Hilflosigkeit. Der *Spiegel* (51/1990), dessen Autoren gemeinhin gehalten sind, im Hinblick auf die DDR stets passende »Erklärungen« zu liefern, staunte: »Obdachlose gab es in der ehemaligen DDR offiziell nicht. *(Mit Verlaub: auch inoffiziell nicht – K. H.)* Deshalb fehlen organisierte Wohlfahrt, Heime oder Asyle, die im Westen das Schlimmste verhüten. Das Problem hat die Kommunen in den neuen Bundesländern nahezu unvorbereitet getroffen. Die Behörden sind hilflos und kennen nicht einmal Zahlen. Täglich werden in der Ex-DDR mehr und mehr Menschen erst gefeuert und wenig später vom Vermieter auf die Straße gesetzt. Die Kurve des Elends zeigt noch steiler nach oben als zum Beispiel im Westteil Berlins. Dort lebten Ende 1988 rund 5.500 Menschen auf der Straße. Inzwischen zählen die Statistiker über 6.600, mehr als 1.200 davon sind minderjährig.

›Bei uns spielt sich noch viel im verborgenen ab‹, meint Heinrich Sonsalla, Leiter des Sozialamtes in Magdeburg. Viele Obdachlose wüssten auch gar nicht, wo sie sich melden sollten. Sonsalla fürchtet, dass eine Welle der Not über den Städten im Osten zusammenschlägt, wenn die Mieten auf West-Niveau steigen und gleichzeitig noch mehr unrentable Betriebe ihre Arbeiter entlassen.

Seit Schaffung der Sozialunion *(die auf eine Idee des Finanzstaatssekretärs Horst Köhler zurückgeht, welcher am 26. Januar 1990 den Leiter des Referats Nationale Währungsfragen Thilo Sarrazin mit der Ausarbeitung eines entsprechenden Papiers beauftragt hatte. Dieser präsentierte bereits drei Tage später ein Konzept für die unverzügliche Einführung der D-Mark in der DDR zum Umstellungskurs 1:1, verbunden mit einer Freigabe der Preise sowie dem Ende von Subventionen und Planwirtschaft. Köhler überzeugte davon erst Finanzminister Theo Waigel, dann Bundeskanzler Kohl. In Berlin regierte, das nur zur Erinnerung, die Regierung Modrow – K. H.)* steht eine weitere Klientel auf der Straße, die im Westen schon immer einen großen Teil der Obdachlosen gestellt hat: Um die entlassenen Häftlinge hatte sich der SED-Staat als fürsorgliches Erziehungsregime gekümmert, jedem Ex-Knacki wurden Arbeit und Wohnung zugewiesen.

Nun hilft den Entlassenen niemand mehr. ›Die kommen aus dem geregelten Sozialismus‹, meint Sonsallas Mitarbeiterin Eva Schiener, ›und sollen sich auf einmal im wildesten Frühkapitalismus durchschlagen.‹

Viele Häftlinge sehnen sich nach einigen Tagen in der Freiheit schon wieder nach ihrer Zelle. Ein Magdeburger, erzählt Eva Schiener, habe sechsmal Handtaschen und ähnliches geklaut, nur um sich wieder einbuchten zu lassen. Schließlich zündete er verzweifelt ein Haus an und alarmierte sofort die Feuerwehr, damit niemand verletzt werde. Jetzt hat er für anderthalb Jahre ein Dach über dem Kopf – und ein Gitter vor dem Fenster.

Auf der Straße endet auch die Karriere vieler ehemaliger DDR-Bürger, die mit bunten Träumen in den Westen geflüchtet waren. Dort gescheitert, erinnern sie sich an die soziale Sicherheit in der DDR und kommen zurück, ohne zu wissen, was sie erwartet. ›Ich bin wieder da, nun helft mir mal, sagen die. Und dann wundern die sich, dass ihnen niemand mehr helfen kann‹, klagt Klaus Hinze, bisher Sozialdiakon in Leipzig und neuerdings Obdachlosen-Beauftragter der Stadt.

Selbst Familien mit kleinen Kindern landen so in Abrißhäusern ohne Strom, ohne Heizung, vorweihnachtlich eingestimmt nur mit einer Kerze auf der Obstkiste.

›Natürlich gibt es ordentliche Sozialgesetze‹, schimpft Hinze, ›aber wir haben weder Mittel noch Leute, um die umzusetzen, das soziale Netz auch zu spannen.‹

In Crash-Kursen will die Leipziger Universität jetzt Pädagogen zu Sozialarbeitern umschulen. Wenn Hinze jedoch an diese zukünftigen Kollegen denkt, geht ihm ›das Messer in der Tasche auf‹. Denn: ›Wenn die losgelassen werden, gibt es ein Fiasko. Die können doch bestenfalls Armut verwalten.‹

Er zieht seine ehrenamtlichen Helfer aus der St.-Michaelis-Gemeinde vor«, hieß es in dem *Spiegel*-Bericht in der Vorweihnachtswoche 1990 weiter. Zur Erinnerung: Die »deutsche Einheit« war da zwei Monate alt! »Doch vor allem, meint Hinze, müssten schnellstens Obdachlosen-Asyle geschaffen werden. Mehr als zaghafte Ansätze sind noch nirgendwo zu sehen. Denn zahlen müssten die Städte, und denen fehlt das Geld an allen Ecken.

Das erste Heim im Osten Berlins besteht aus einer Handvoll Wohnungen, die das Sozialamt gemietet hat. In Magdeburg stehen rund 40 Betten im Verwaltungstrakt des ehemaligen Stasi-Knastes. In Leipzig versuchen Handwerker, ein Haus herzurichten, bevor der Frost richtig zuschlägt. 48 Plätze wird dieses erste Asyl der Stadt haben. Lächerlich wenig, das weiß auch Sozialdiakon Hinze. Aber. ›Die Not wird weitere Lösungen erzwingen.‹«

Eine kleine Abschweifung in die Gegenwart sei erlaubt.

Als Anfang 2011 ein Streit losbrach, ob man das Wort »Kommunismus« im Krause-Land denken oder gar laut aussprechen dürfe, wurden viele mobil und mancher mit SED-Vergangenheit krähte: »Wir waren keine, sind keine und werden keine Kommunisten.« So auch ein Advokat, der am gleichen Abend aus dem Fernsehen hätte erfahren können, wie viele seiner Kollegen hierzulande allein damit befasst sind, die Stapel der Klagen gegen Hartz-IV-Bescheide abzuarbeiten. Honecker her, Kommunismus hin – die Hauptstadt der DDR kam ohne Obdachlosenasyle aus und musste U-Bahnhöfe nicht nachts offen halten, damit niemand erfror. Und wer dem entgegenhält, dass diese Not doch nur relativ wenige trifft, muss sich fragen lassen, wo in der Bibel nachzulesen stünde, dass Gott Armut oder Hunger auch nur für wenige billige? Wilhelm Weitling (1808-1871) hatte 1845 in seinem »Evangelium des armen Sünders« geschrieben: »Verkünden wir, dass die Armut abgeschafft werden muss, dass dies aber nicht durch Almosen, sondern durch die *Abschaffung* des Eigentums geschehen könnte.«

Das kann man belächeln – aber nicht widerlegen! Und selbst der klügste Winkeladvokat wird nicht leugnen können, dass die Weitling-Forderung durchaus als »kommunistisch« verschrien werden kann. Wer aber glaubt, dass man solcher Not beikäme, wenn man zum Beispiel die Zahl der »Spenden-Tafeln« erhöht, wird sich von dieser Illusion verabschieden müssen, sobald er die nüchternen Realitäten zur Kenntnis nimmt.

Die Zahl der Notleidenden und Unbehausten hat seit Krauses Unterschrift rapide zugenommen. Das kann man täglich erfahren. So füllte die *Berliner Zeitung* ihre Aufschlagseite am 15. Dezember 2010 mit dem Porträt eines Krause-Opfers aus dem Osten Deuschlands. »Köln. Eisig ist der Wind, der durch die Straßen fegt. Klaus B. trägt feste Schuhe. Der Reißverschluss seines blauen Anoraks ist bis oben zugezogen«, beginnt die Reportage von Petra Pluwatsch dramatisch. »Wir haben uns morgens um zehn an seinem Stammplatz verabredet, am Baum gegenüber einer Drogerie-Filiale in Köln-Lindenthal. Ein eiserner Umlauf um den Baum lädt zum Sitzen ein, doch dafür ist es zu kalt an diesem Morgen. Fünf Schritte zur rechten Seite, fünf Schritte zur linken, dabei den Rucksack und den Becher fest im Blick. ›Bei diesen Temperaturen muss man ständig in Bewegung bleiben‹, sagt Klaus B., ›sonst hält man nicht lange durch.‹ [...] Eine alte Dame wirft eine Ein-Euro-Münze in den Becher am Boden. ›Danke‹, sagt Klaus B. und lächelt ihr zu. ›und einen schönen Tag noch.‹

Klaus B. aus Apolda ist Bettler«, verrät die Reporterin der *Berliner Zeitung*. »Man sah ihn älter werden im Laufe der Jahre. Müder schmaler, grauer – und vielleicht trauriger. Wie er heißt, und wo er herstammt, das weiß ich erst seit wenigen Tagen. Auch dass er 53 Jahre alt ist und im Februar Geburtstag hat, war mir bis dahin unbekannt. ›Können wir reden?‹, habe ich ihn eines Morgens gefragt, ›Über Sie, und warum Sie betteln gehen? Und über die Menschen?‹ [...]

Aus Apolda komme er, sagt er, und das ›P‹ klingt so weich, dass der Name der Stadt zunächst ein Rätsel bleibt. ›Aus Thüringen‹, setzt er hinterher. Da habe er eine Lehre gemacht als Maschinenschlosser. Habe geheiratet. Gutes Geld verdient beim ›VEB Thüringer Obertrikotagen Apolda‹. Habe gern gearbeitet, nette Kollegen gehabt.

Bis die Wende kam. ›Da hat es mich erwischt‹, konstatiert Klaus B.«

Der Abstieg von Klaus B. war die unmittelbare Folge dessen, was Bundesminister Schäuble in seinem Buch »Der Vertrag« kaltschnäuzig offenbarte: »Ich musste Herrn de Maizière immer wieder darauf hinweisen, dass es sich um einen Anschluss der DDR und nicht um eine Vereinigung von zwei deutschen Staaten handelt.«

Und dieser Anschluss bedeutete, wie in der *Berliner Zeitung* in jener Reportage über Klaus B. zu lesen war: »Der VEB Obertrikotagen macht dicht, das Haus, in dem er billig zur Miete wohnt, wird wenig später verkauft. Der neue Eigentümer meldet für alle sechs Wohnungen Eigenbedarf an; eine Klage der Hausgemeinschaft vor Gericht bleibt ohne Erfolg. Eine andere Wohnung findet sich auf die Schnelle nicht in Apolda, geschweige denn ein neuer Arbeitsplatz. Ohne Wohnung keine Arbeit, ohne Arbeit keine Wohnung: ›Ein Rad griff ins andere.‹

Zwei Jahre habe das Ersparte gereicht. Dann geht das Ehepaar auf Wanderschaft quer durch die Bundesrepublik. Hier drei Tage, dort fünf Tage – zwei Verlorene, die längst durch alle Maschen gefallen sind. OfW, ohne festen Wohnsitz, steht im Personalausweis; bei den lokalen Behörden ›fühlte sich keiner für uns zuständig. Die haben uns manchmal behandelt wie der letzten Dreck‹. Den Winter 1992/93 erleben Klaus B. und seine Gefährtin auf der Straße. 1994 strandet das Paar in Köln, wenig später wird die gemeinsame Tochter geboren«, schilderte die Reporterin lakonisch das Geschehen.

»Während im Hintergrund die Espresso-Maschine röhrt, versucht Klaus B. zu erklären, wie er im wiedervereinigten Deutschland mehr und mehr ins Abseits geriet. ›Ist man erst einmal draußen, dann führt irgendwann kein Weg mehr zurück.‹ Zehn Jahre lebt er insgesamt auf der Straße. [...]

Klaus B. aus Apolda in Thüringen erzählt auch von seiner Tochter an diesem Nachmittag. Längst ist das Sorgerecht verloren, der Kontakt abgebrochen; die Ehe war schon Jahre zuvor in die Brüche gegangen. Seit vier Jahren lebt das Kind bei Pflegeeltern im Bergischen Land. Tränen fließen, während Klaus B. im Rucksack vergeblich nach einem Foto des Mädchens sucht. Was ist passiert damals? Er habe nach der Scheidung das alleinige Sorgerecht gehabt, doch dann habe es einen Streit gegeben mit dem neuen Partner der Ehefrau, erzählt er und schaut aus dem Fenster, als suche er dort nach den passenden Worten. Dann sei ein Messer ins Spiel gekommen, der Kontrahent wurde verletzt. Blut floss. Er selbst kam in Untersuchungshaft. Nichts, worauf ein Mann stolz sein kann.«

Auf einer der nächsten Seiten der Zeitung fand ich eine Meldung des Evangelischen Pressedienstes (epd). »Die in finanzielle Nöte geratene Berliner Tafel schließt eines ihrer beiden Kinderrestaurants. Die Einrichtung ›Fünf Jahreszeiten‹ werde Ende März aufgegeben, sagte Tafelleiterin Sabine Werth. Auf ihren Hilferuf im Oktober, wonach kaum noch Spenden eingingen, seien 230 Berliner dem Verein beigetreten. Allerdings beliefen sich die monatlichen Ausgaben derzeit noch auf 65.000 Euro. Durch Mitgliedsbeiträge gingen aber nur rund 9.000 Euro ein, sagte Werth. Die Schließung des Restaurants führe zu einer Kostensenkung um rund 10.000 Euro.«

Die Fakten lassen sich drehen und wenden wie man will, die Tatsache bleibt: Hätte Günther Krause nicht das Papier unterschrieben, das auch den Apoldaer VEB Obertrikotagen ruinierte und die Berliner Tafel zwang, mittellosen Kindern künftig die Mittagsmahlzeiten zu streichen, würde Klaus B. mit ziemlicher Sicherheit nicht betteln und Berliner Kinder nicht hungern müssen. Hätten sie damals einen anderen angeworben, den Füllhalter zu bedienen, hätte sich gewiss jemand gefunden. Der

Anschluss wäre nicht verhindert worden, wohl aber, dass Krause in dieser Hinsicht sauber geblieben wäre und ein reines (?) Gewissen behalten hätte.

Was weiß man eigentlich über sein Gewissen?

Im Grunde wenig. Allerdings liefert sein Lebenslauf diesbezüglich einige Anhaltspunkte.

Zum Beispiel die Affäre um die Raststätten an den Autobahnen.

Ein Ruch von Schieberei und Patronage

Man muss auch Ahnungslosen nicht erklären, was Autobahn-Raststätten auf DDR-Gebiet wert waren, als der Staat unterging. Angeblich war das Land pleite, dennoch prügelte man sich um die Trümmer und reichte Schecks aus, um die Ratsstätten in »Marodistan« zu kriegen.

Dabei war auch bei den Autobahnraststätten nicht einmal klar, wem sie gehörten. Hofften einige darauf, dass nach der Krause-Unterschrift die Grundbücher wie DDR-Literatur behandelt und darum auf den Müll gekarrt würden? Alle Abenteurer und Spekulanten aus dem Westen hasteten durch die Landschaft, weil sie »dicke Fische« an Land ziehen wollten, bevor der bundesdeutsche »Rechtsstaat »Angelscheine« ausgab und die Regeln festlegte. In dieser Phase wandten sich viele Petrijünger und Parvenüs an Krause. Der hatte alles unterschrieben, der musste wissen, wie der Untergang eines Staates funktioniert, dessen Riesenflotte noch den solidesten Linienverkehr zwischen Amsterdam und Yokohama bediente und trotz allen anderslautenden Geschwätzes eine fast reibungslos funktionierende Landwirtschaft betrieb.

Um die Ratsstätten, in denen man serviert bekam, was nebenan kein Konkurrent billiger servieren lassen konnte, weil es kein »nebenan« gab, rissen sie sich. Die Schlange der Interessenten reichte fast bis zum Horizont. Nie ist restlos geklärt worden, welche Rolle Krause bei der Vergabe jener 41 Konzessionen spielte, und mit Rücksicht auf mögliche Prozesse – siehe oben – verzichte ich darauf, seine Mitwirkung hier zu veröffentlichen. Tatsache aber ist, dass der Mann, der mit Wolfgang Schäuble vorgeblich die deutsche Zukunft ausgehandelt hatte, am Tisch saß, an dem auch die niederländische Hotelkette Van der Valk hockte und die Raststätten zu Vorzugspreisen kaufte. Das ermittelte eines Tages der Bundesrechnungshof, und auf den wird man sich doch wohl noch berufen dürfen.

Man erzählt sich, dass Krause eines Tages seinen damals als DDR-Verkehrsminister tätigen CDU-Parteikollegen Horst Gibtner (1940-2006) geraten haben soll, sich des Angebots Van der Valks wohlwollend anzunehmen. Diese Bitte blieb nicht unerhört. Schon einen Tag später war man sich einig. Nicht weniger als fünf Standorte zum Bau von Hotels und Raststätten wurden der deutschen Filliale der Niederländer überlassen. Der Deal hinterm Rücken aller zuständigen Gremien und vorgeschriebener Prüfinstanzen schien gelaufen, doch Monate später kamen Rückfragen und Bundesverkehrsminister Krause konnte sich in dieser Sache an nichts mehr erinnern. »Der Name Van der Valk ist mir überhaupt nicht geläufig«, erklärte er. Gibtner, dem man einen Sitz in der Bundestagsfraktion der CDU überlassen hatte, war gleichfalls von Amnesie befallen.

Vielleicht sollte hier wenigstens mit einem Nebensatz der Sachverhalt abstrahiert werden: Der Übergang vom »Unrechtsstaat« zum »Rechtsstaat« vollzog sich offenkundig ziemlich kriminell. Und zwar so kriminell, dass in diesem Fall Einwände unausbleiblich waren. Die Über-Nacht-Verträge erwiesen sich selbst für Bonner Verhältnisse als riskant. Es hatte keinerlei Ausschreibungen gegeben, und vor allem waren einschlägige Stammkunden der Branche übergangen worden. Dann wimmelte es in den Verträgen an Klippschul-Fehlern. Vor allem aber waren die fälligen Konzessionsabgaben an den Staat unterschlagen worden.

Bei Geld hört alle Kumpelei auf: Die Firma, die ursprünglich beauftragt worden war, das einträgliche Geschäft abzuwickeln – eine Gesellschaft für Nebenbetriebe der Bundesautobahnen (GfN) – fühlte sich übergangen und legte Protest ein.

Schließlich waren die üblichen Pacht-Abgaben und Gewinnausschüttungen verlorengegangen, immerhin an die 80 Millionen Mark jährlich. Vor allem aber, was in westdeutschen Kreisen offenkundig als besonders ehrenrührig gilt, hatten auch »Ossis« beim Raststättengeschäft abgesahnt. Darunter ein Bernd R. und ein Klaus-Dieter N., die den Zuschlag für die Raststätte Hirschberg/Westseite erhalten hatten.

Der Spiegel 25/1991 stieß nun in das offenkundige Wespennest: »Eine besondere Goldgräbermentalität war offenbar Voraussetzung für den Zuschlag in Ost-Berlin. Westliche Geschäftsleute, die sich mit Affären bereits einen Namen gemacht haben, tauchen nun als Autobahnwirte im Osten auf. Die Ehefrau des einstigen Berliner Baulöwen Dietrich Garski kam so bei der Raststätte Freienhausen-West zum Zuge. [...] In Bonn soll nun ausgerechnet Verkehrsminister Krause, der selber in die Affäre verstrickt ist, die dunklen Geschäfte aus den letzten Tagen der DDR aufklären. Zwar werden Verträge nachgebessert, aber der wendige Krause zeigt sich beim Krisenmanagement nicht nur ahnungslos, sondern auch ungeschickt.

Pannen markieren die eiligen Bemühungen, mit der Affäre fertig zu werden, die der Minister, nun ganz Wessi, als ›Erblast‹ bezeichnet. Erst mit seinem Amtsantritt 1991, erklärte er jüngst vor Bundestagsabgeordneten, habe er von dem Raststätten-Fall erfahren. In allen Parteien macht sich Unmut darüber breit, wie der Vorzeige-Karrierist der Ost-CDU im Raststätten-Deal agiert. Die Verträge, ließ Krause zunächst verbreiten, seien rechtlich bindend, dagegen sei wenig zu machen. Sein Staatssekretär Wolfgang Gröbl sah es bald darauf schon anders. ›Gegen die Verträge bestehen erhebliche rechtliche Bedenken.‹ Es handele sich um unzulässige Verträge zu Lasten Dritter, zudem bestehe ein grobes Missverhältnis zwischen Leistung und Gegenleistung. Sein Vortrag vor Obleuten der Parteien, registrierte Gröbl, habe bei den Parlamentariern ›einen gewissen

Schock‹ ausgelöst. Gröbls Juristen waren derweil schon dabei, die ersten Verträge zu annullieren.

Wenige Tage später galt wieder eine andere Version. Gröbl musste sich korrigieren, sein Verdikt sei auf dem Dienstweg verfälscht worden. Nur im Konjunktiv habe er über die Unwirksamkeit der von Krause verteidigten Verträge gesprochen.

Das lächerliche Theater beendete der Chef Krause schließlich mit einem Rundumschlag. Er feuerte den verantwortlichen Abteilungsleiter Walter Stoll, versetzte den Unterabteilungsleiter Peter Keidel vom Straßenbau in die Seeschiffahrt und entließ – weil er einmal dabei war – den Ministerialdirektor Philipp Nau, zuständig für den Straßenverkehr, gleich mit. Die drei waren Krause lästig geworden, weil sie Bedenken gegen seine forsche Gangart hatten. Einige Opfer hat der Skandal damit schon. Fraglich ist nur, ob es die Richtigen getroffen hat.

Vorsichtshalber sei auch hier ein Krause-Dementi eingefügt: ›Ich habe keinerlei Einfluss auf die Konzessionsvergabe genommen. Als ich tätig wurde, war das Verfahren bereits abgeschlossen.‹ Es ist eine seiner klassischen Richtigstellungen: Er hatte überhaupt nichts damit zu tun, aber als er doch damit zu tun hatte, war bereits alles erledigt«, so der *Spiegel* im Sommer 1991. »Er hatte dieses Dementi am 24. Juni 1991 in Bonn präsentiert, und *Der Tagesspiegel* hatte den weiteren Verlauf seiner Pressekonferenz mit den Worten beschrieben: ›Krause legte der Presse den nach seinen Worten vollständigen Briefwechsel des Skandals vor. Demnach hatten Vertreter der holländischen Firma Van der Valk bereits am 14. Februar 1990 der VEB Autobahndirektion angeboten, im Rahmen des Serviceausbaus der DDR für 110 Millionen Mark in Berlin, Gera, Falkensee, Veltin *(gemeint war vermutlich Velten – K. H.)*, Magdeburg und am Schkeuditzer Kreuz bei Leipzig sechs Motels mit 80 bis 350 Betten sowie Gaststättenplätze zu bauen. Van der Valk versprach, etwa 1.000 Arbeitsplätze zu schaffen.‹«

Solche Vorgänge signalisierten, dass der Krause-Stern am Bonner Himmel zu verblassen, wenn nicht gar zu sinken drohte. Der Jagdeifer der Journalisten war geweckt, sie besaßen ein Gespür dafür, wenn jemand zum Abschuss freigegeben war, sofern sie nicht selbst die Jagdsaison eröffnet hatten.

Der *Spiegel* griff Krauses Behauptung auf, dass ihm der Name Van der Valk »überhaupt nicht geläufig« sei. »In Wahrheit hat sich der einstige DDR-Politiker, wie neue Dokumente zeigen, persönlich für die Firma eingesetzt und schriftlich auf ›sofortige‹ Erledigung gedrängt«, schrieb das Nachrichtenmagazin. »Wie über vielen anderen Geschäften, die in den letzten Tagen der DDR arrangiert wurden, liegt über der Raststätten-Vergabe ein Ruch von Schieberei und Patronage. Und ähnlich, wie manche Politiker im Westen, arbeiten Beteiligte aus dem Osten die Affäre auf: es wird abgewiegelt und vertuscht. Dementis zielen oft haarscharf an der Wahrheit vorbei.

Als der Spiegel letzte Woche über die Verstrickung des neuen Bundesverkehrsministers Günther Krause, 37, in den Raststätten-Skandal berichtete, demonstrierte der Vorzeige-Karrierist der Ost-CDU, dass er das übliche Repertoire der West-Kollegen beherrscht. Die Vorwürfe gegen ihn, tönte Krause, seien ›völlig aus der Luft gegriffen‹, er fühle sich ›einer gezielten Kampagne‹ ausgesetzt«, so der *Spiegel*. »Briefe belegen, dass der ehemalige DDR-Staatssekretär Krause dabei eine weitaus bedeutendere Rolle gespielt hat, als bislang angenommen wurde.«

Und dann deckte das Magazin Querverbindungen zum Berliner Rechtsanwalt Eberhard Diepgen auf: »Der Fall Diepgen zeigt, zu welchen Konflikten es zwischen anwaltlicher Tätigkeit für Einzelinteressen und Aktivitäten für das Gemeinwesen kommen kann. Wenn der Anwalt Diepgen dem Ost-Berliner Verkehrsministerium seines Parteifreundes Gibtner einen Besuch ankündigte, wurde das Treffen von den Ministerialen so vorbereitet, als käme der Politiker Diepgen. ›Wenn es um besondere Anliegen‹ (Diepgen) ging, stand für ihn stets ein spezieller Ansprechpartner bereit. Sogar ein Kurierdienst zwischen der Diepgen-Kanzlei und Gibtners Ministerium wurde eingerichtet«, verriet der *Spiegel*. »Dank der eifrigen Helfer konnten sich Diepgens niederländische Klienten gegen Konkurrenten aus Gesamtdeutschland und Österreich durchsetzen. […] Um ganz sicher zu sein, hatte sich Vincent van der Valk, Vorstandsmitglied der Hotelkette, […] in Rostock bei dem Vereinigungsexperten Krause erkundigt: ›Wir wollen von Ihnen eine Auskunft haben: Ist dieser Vertrag auch nach der Einigung noch rechtskräftig – ja oder nein?‹ Die Antwort, so der Holländer heute, sei eindeutig gewesen. Wenn der Vertrag mit Artikel 40 des Einigungsvertrages vereinbar sei, habe ihm Krause versichert, dann sei er auch nachher rechtskräftig.«

Der Niederländer betrachtete die Auskunft als verbindlich – schließlich stand Krauses Namen unter dem Vertrag.

Günther Krause zog an die Spree und mietete sich preiswert ein. Eine Zeitung berichtete: »Allerdings gab es bald Ärger in Berlin, denn Günther Krause hatte eine riesige Müggelseevilla zum Mietpreis von 740 DM bezogen, die ursprünglich nicht für ihn gedacht war. Es hagelte Proteste, die ihn jedoch nicht rührten und erst im Juli 1991, als er bereits in Bonn residierte, verließ er dieses umstrittene Domizil.«

Die *Berliner Zeitung* dazu weiter: »Verkehrsminister Günther Krause kehrte den Köpenickern den Rücken. Bereits am 16. Juli 1991 hat er seine Villa Am Mühlenfließ 8b gekündigt. Krause stand seit seinem Einzug in den Millionenbau im Kreuzfeuer der öffentlichen Kritik, denn eigentlich sollte das behindertengerechte Gebäude dem Behindertenverband ›Für Selbstbestimmung und Würde e. V.‹ zur Nutzung übergeben werden.

Der Zuschlag ging aber an Krause.

Dem Verband wurde auf Weisung Krauses ein Haus in Karolinenhof als Ausgleich angeboten, dessen Sanierung und behindertengerechter Ausbau über eine Million Mark kosten würde.«

Auch dies wohl ein hinlänglicher Hinweis darauf, dass Krauses Unterschrift sich auch persönlich für ihn auszahlte.

Da ist es fast unerheblich, dass er – wenngleich nur für kurze Zeit – einer der ersten Bundesminister war, die an der Spree wohnten, denn die meisten hatten bekanntlich ihre Villen noch am Rhein. Er vermietete sein Heim in Börgerende und nahm preiswert Quartier in Berlin. Die Umbaukosten für den Verein galten als Kollateralschaden.

Warum er und nicht de Maizière?

Sollte jemand zwischendurch die Frage stellen, wie es denn überhaupt dazu kam, dass gerade Staatssekretär Krause den Staatsvertrag unterschrieb, schließlich wäre das doch – wie gemeinhin üblich – Aufgabe des Regierungschefs gewesen, was Lothar de Maizière dem Vernehmen nach auch angenommen hatte. Doch Schäuble verrät in seinen Erinnerungen: »Helmut Kohl hatte dazu wenig Neigung.« Und nicht ganz uneitel heißt es weiter bei Schäuble, der Bundeskanzler »plädierte dafür, dass diejenigen unterzeichnen sollten, die auch die Arbeit geleistet hätten, also Günther Krause und ich«. Warum Kohl nicht wollte, kann nur er beantworten. Was er bisher nicht tat und bei Lage der Dinge, wie auch so manches Ehrenwort, wohl mit ins Grab nehmen wird.

Als diese Entscheidung für Krause gefallen war, rückte *Bild* in die Frontlinie und klärte die unwissenden Deutschen über diesen DDR-Staatssekretär auf. Das geschah am 9. September 1990, eine gute Woche nach der Unterzeichnung des »Staatsvertrages«.

»Kohls bester Mann in der DDR« lautete die fette Schlagzeile über einer Doppelseite. Damit war alles gesagt. Und die Unterzeile lieferte den Ausblick: »Günther Krause ist einer der wenigen Ostberliner Politiker, die in Bonn Karriere machen werden.«

Im Foto: Kohl und Krause steigen in eine gepanzerte Limousine, beider Mienen eher bedenklich, ganz zu schweigen von den Gesichtern der Menschen im Hintergrund. Bildunterschrift: »An der Krisenfront.« Beide hatten die Landmaschinenfabrik in Schönebeck besucht. »Die

Stimmung ist nicht gut, vielen Beschäftigten droht die Kündigung«, erläuterte die Boulevardzeitung das Mienenspiel der beiden Staatsmänner, die künftig gemeinsam an Deutschlands Ruder stehen werden.

Bild zeichnet auf dem Rest der Doppelseite sodann ein farbenbuntes Bild von jenem Mann, den bis dahin kaum jemand im Osten wie im Westen kannte. Die Unkenntnis im Westteil des nun bald vereinten Vaterlandes überrascht nicht: Wenige Monate zuvor hatte Krause in Bad Doberan gemeinsam mit der dortigen SED-Kreisleitung noch die DDR retten wollen. Solchen Dogmatikern widmete *Bild* in der Vergangenheit selten bis nie eine Zeile.

Nun aber hieß es im Überschwang nationaler Gefühle und in Erwartung des neuen Marktes: »Sein Name ist Krause – so heißen ein paar hunderttausend Deutsche. Unter ihnen gibt es sicher ein paar hundert bedeutende, aber nur einen, der für Millionen was zu sagen hat: Dr. Günther Krause (36) – ein Mächtiger im noch geteilten deutschen Vaterland. Er wird auch im geeinten Deutschland eine große Rolle spielen. Ohne ihn läuft in der DDR schon lange nichts mehr. Seine vielen Ämter lassen die Machtfülle des politischen Senkrechtstarters nur erahnen: Vorsitzender der CDU-Volkskammerfraktion, Staatssekretär beim Ministerpräsidenten und CDU-Vorsitzender in Mecklenburg-Vorpommern; bekannt geworden in den deutschen Fernsehstuben ist er als zäher Verhandlungsführer der DDR beim Einigungsvertrag.

Der gebürtige Hallenser (da kommt auch Genscher her) war 1975 als Student in Weimar der CDU beigetreten. Da hatte er bescheidenere Ziele. ›Ich wollte als bekennender Christ in der DDR weiterleben und demonstrieren, dass ich nicht an den Marxismus-Leninismus glaube.‹«

Und dann stellt *Bild* eine Frage, die für das Blatt nur rhetorischen Wert hat, für unsereinen ist sie tatsächlich von Bedeutung, auch wenn die Antwort eine andere ist als die von *Bild*. »Wie verkraftet ein Mann von 36 Jahren den ebenso unerwarteten wie rasanten Karrieresprung zum wahrhaft mächtigsten Mann der DDR? Und wie schafft er es, alle Fäden in den hektischen manchmal chaotischen letzten DDR-Wochen in der Hand zu behalten? Krauses Antwort kommt schnell und bündig: ›Natürlich kommen mir meine Ausbildung und meine bisherige Tätigkeit zugute: Ich habe gelernt, rational an Probleme heranzugehen und sie in kurzen Zeiträumen zu lösen.‹

Rationalität ist ein Schlüsselbegriff in seinem Leben. [...] Seine Familie ist erst vor kurzem in die Nähe Berlins gezogen, das Haus an der Ostsee ist inzwischen vermietet. Vor allem die Kinder und Krauses Ehefrau, Heidrun (34), vermissen das Meer. Die studierte Agraringenieurin hat ihren Job als Berufsschullehrerin vorerst aufgegeben: ›Unser Leben ist noch einmal gewendet worden, seitdem mein Mann in Berlin arbeitet‹, sagt die attraktive und sympathische Norddeutsche in unverfälschtem Rostocker Tonfall ›und wir werden uns erst noch daran gewöhnen müssen, dass hin und wieder ein Journalist bei uns am Frühstückstisch sitzt – das erlebe ich heute zum erstenmal‹, fügt sie mit einem verschmitzten Seitenblick hinzu.

Im gepanzerten Dienstwagen auf der Fahrt nach Magdeburg wird rasch klar, warum Günther Krause als politisches Talent mit enormem Sachverstand und taktischem Gespür längst unentbehrlich für gesamtdeutsche Politik geworden ist.«

Bevor man das erfahren will, wagt man die Frage: Warum ein »gepanzerter« Dienstwagen? Krause hatte doch mit seiner Unterschrift die »große Freiheit« ins Land geholt. Wovor fürchtet er sich? Und selbst wenn erboste Bauern mal zu einem Ei greifen und es maßlosen Rednern an den Kopf werfen, bedarf es doch eigentlich keiner Panzerung.

Und was geschah dann in der gepanzerten Limousine?

»In einem knappen Gespräch über das Autotelefon stimmt er sich mit Kanzleramtsminister Rudolf Seiters noch einmal für die abendliche Verhandlungsrunde ab –

ein Thema: der Paragraph 218. Die Versuche, mit SPD und FDP einen Kompromiss zu finden, waren bislang gescheitert.«

Dabei ging es um das in der DDR gesetzlich geregelte Recht jeder Frau, über ihre Schwangerschaft selbst entscheiden zu dürfen und, sofern gewünscht, einen Schwangerschaftsabbruch vornehmen zu können, was so in der BRD nicht möglich war. Auf diesen Fortschritt mochte Krause kaum verzichten, wenn er denn nicht den Unmut der meisten ostdeutschen Frauen auf sich ziehen wollte.

»Krause rechnet damit, dass die Noch-DDR spätestens im Januar die Talsohle durchschritten haben wird.

In Magdeburg am selben Tag, ein Treffen mit dem Bundeskanzler: So unterschiedlich die beiden in ihrer Art sind – die gegenseitige Wertschätzung ist nicht zu übersehen. Kanzler Kohl schätzte den jungen Mann schon lange. Ihm imponierte, wie Krause sich zum wichtigsten Macher der Wiedervereinigung in Berlin gemausert hat.

Und so war auch nicht verwunderlich, dass Günther Krause auf die Kandidatur für das Amt des Ministerpräsidenten in Mecklenburg-Vorpommern verzichtet hat – er geht nach Bonn; und das, was er politisch am liebsten täte, hört sich schon an wie die Beschreibung des Ministeriums, das Krause im Kabinett Kohl verwalten könnte: ›Die Politik für die Aufbauarbeit in den DDR-Ländern muss koordiniert ablaufen. Die vielen Aufgaben werden ressortübergreifend gelöst werden müssen.‹

Das soll er nach dem Willen des Kanzlers, als Minister im Bundeskanzleramt tun.

Von der Ostsee über Berlin an den Rhein – was fühlt er dabei?

›Meinen jetzigen Gefühlszustand kann ich noch nicht beschreiben, weil man über Veränderungen und Probleme im persönlichen Leben noch gar nicht nachgedacht hat. Und ich glaube, wenn ich in der Bundesrepublik aufgewachsen wäre, wäre ich nicht in der Politik gelandet.‹ Hätten die realsozialistischen Verhältnisse es zugelassen, wäre er am liebsten Orgelbauer geworden.«

Soweit die Hymne auf Krause im auflagenstärksten Blatt der Bundesrepublik.

Zuvor musste der weit weniger kollaborierende Lothar de Maizière, der Hugenotte mit Rückgrat, aus dem Weg geräumt werden. Auch wenn er gezielt gestreuten Gerüchten widersprach, dass er nie eine »Stasi«-Verpflichtung unterschrieben oder von der »Firma« Geld kassiert habe, reichten sie aus, dass der sensible Feingeist – in Bonn gern als »Bratschist« verhöhnt – den Rückzug aus der Politik antrat. Kohl schien heilfroh, diesen musischen Mann, der sich allein mit dem Vorschlag, das Deutschlandlied und die DDR-Hymne miteinander zu verschmelzen, unwiderruflich disqualifiziert hatte, auf diese Weise loszuwerden.

Damit rückte Krause endgültig in die erste Reihe. Obgleich er doch sonst ein feines Näschen fürs eigene Fortkommen besaß, entging ihm allerdings, dass er trotz seiner Nützlichkeit für Bonn dennoch nicht den dortigen Stallgeruch besaß. Er stank, trotz Kollaboration, weiter nach Osten. Dieser Geruch haftete ihm an. Und der machte ihn schon aus Prinzip verdächtig.

Zum Beispiel: Er begeisterte sich für eine Autobahn, die entlang der Ostsee-Küste und rund um Wismar betoniert werden sollte. Die Rivalen jenes Unternehmens, dem er – aus welchen Gründen auch immer – den Auftrag versprochen hatte, stiegen auf die Barrikaden. Es ging immerhin um Millionen. Dreimal in acht Tagen musste Krause dementieren und versichern, er habe niemals der Rostocker Firma Kracon Engineering Consultation einen Auftrag zum Bau der Autobahn A 20 erteilt. Auch dieser Fall ist nie ganz aufgeklärt worden: Hartnäckig hielt sich das Gerücht, Krause habe dem Kracon-Geschäftsführer Holfelder fest versprochen, ihm den Auftrag zuzuschanzen. Immerhin: Dieser Deal scheiterte am West-Veto.

Oder: Am 8. März 1991 besuchte Günther Krause die Elbo-Gruppe, einem in seiner Heimat Mecklenburg-Vorpommern aus mehreren volkseigenen Kombinaten zusammengezimmerten Konzern, bei dem die Bremer Immobilienfirma Karina das Sagen hatte. Bei dieser Gelegenheit trugen die inzwischen zu diesem Unternehmen geschlüpften Kracon-Planer dem Minister ein neues Autobahn-Konzept vor, das davon ausging, mit dem Bau der Ortsumgehung Wismar schon im September 1991 zu beginnen. Damit hätten die »blühenden Landschaften« gleichsam über Nacht entstehen können.

Nach jener Begegnung zwischen Kracon-Planern und dem Minister begann man unverzüglich an den Messtischblättern zu arbeiten. Gegenüber nachfragenden Landes- und Bundesbeamten berief man sich darauf, von Herrn Bundesverkehrsminister Krause persönlich mit der Planung beauftragt worden zu sein.

Der *Spiegel* 31/1991 bestätigte das. »Handschriftlich verfügte Krause: ›Bitte sofort Gesellschaft mit Projekt beauftragen.‹ Dann gab er den Auftrag in die Fachabteilung Straßenbau.

Das sei kein Auftrag für Kracon gewesen, windet sich Krause nachträglich. Mit seinem Vermerk habe er lediglich veranlassen wollen, dass eine zu gründende Projektierungsgesellschaft die Kracon-Pläne mit in ihre Entscheidung einbeziehen«, so das Nachrichtenmagazin.

»Nach einer Abteilungsleitersitzung bat Krause Ministerialdirektor Walter Stoll zu einem Gespräch. Anschließend erklärte Stoll seinen Fachleuten, es müsse nach Wegen gesucht werden, Kracon und seine Arbeiten über die Ortsumgehung Wismar miteinzubeziehen.

Am 17. Mai ließ sich Ministerialrat Manfred Hinz im Landesamt für Straßenbau und Verkehr in Rostock über die Arbeiten von Kracon informieren. Geschäftsführer Holfelder betonte auch bei diesem Treffen, von Krause mündlich mit der Planung [...] beauftragt worden zu sein.

Sehr rasch kamen die Bonner Fachbeamten zu dem Ergebnis, Kracon sei fachlich völlig überfordert. [...] Damit war Kracon aber keineswegs aus dem Rennen. Krause fühlte sich offenbar im Wort und machte weiter Druck.

Am 22. Mai wirkte er bei einer Besprechung in seinem Sinne auf die Beamten ein. Am 30. Mai suchte er gemeinsam mit dem Ministerpräsidenten Alfred Gomolka nach einer Lösung seines Kracon-Problems.

Das Ergebnis der Krauseschen Anstrengungen legte der Beamte Hinz am 3. Juni in einem Aktenvermerk nieder. ›Nach Gesprächen mit Herrn Minister‹, so Hinz, ›sei nunmehr festzuhalten: 1. Abschnitt Umgehung Wismar (Grevesmühlen – südöstlich Wismar) ca. 25 km.

Die Fa. Kracon Engineering Consultation (Rostock) soll die Unterlagen für das Investitionsmaßnahmegesetz der Umgehung Wismar als Bestandteil der Autobahn Lübeck-Bundesgrenze erstellen. Ein üblicher Vertrag [...] wird mit der Fa. Kracon EC unverzüglich vorbereitet.‹«

Die Geschichte steuerte in die Endlosigkeit. Der *Spiegel* aber schien in der Redaktion inzwischen eine »Sonderkommission Krause« formiert zu haben, die rund um die Uhr tätig war. Im Heft 13/1993 erfuhren die Leser: »Im Bürohaus an der Seestraße 73 zu Börgerende, der Postanschrift von Krause, residiert quasi Tür an Tür die Heimbau Nordost GmbH – als Mieterin der Krause-Frau Heidrun, 36. Motor des Unternehmens ist der umtriebige norddeutsche Kaufmann Norbert Mittag. Am 24. Juni 1992 erschien Mittag bei einem Notar in Rendsburg. Er bot der Ministergattin Heidrun Krause für ›ca. 10.000 Quadratmeter Grundbesitz [...] 1.200.000,00 (i. W. Eine Million zweihunderttausend Deutsche Mark)‹. Ein ordentlicher Tarif, denn der Käufer musste eigentlich noch davon ausgehen, ›dass es sich bei dem Kaufgrundstück um Ackerland handelt‹.

Vier Tage später gab Heidrun Krause beim Rostocker Notar Bernd Köhn zu Protokoll, sie nehme die Offerte für das Flurstück 47 in Börgerende ›in vollem Umfang unwiderruflich‹ an. Ein gutes Geschäft: Die Ostseegemeinde Börgerende hatte fast zeitgleich den Flächennutzungsplan geändert. Aus dem ›Sondergebiet Erholung‹ wurde ein sogenanntes Mischgebiet, einer Bebauung stand nichts Bürokratisches mehr im Weg.

Am 29. September beschloss die Gemeindevertretung denn auch, ruck, zuck, den Bebauungsplan 3 für 17 Einfamilienhäuser ›auf der Flur 1, Flurstück 47‹ und besiegelte, Zufall oder nicht, so erst den Kauf. Denn Mittags Heimbau hatte sich ausdrücklich ein ›Rücktrittsrecht‹ für den Fall vorbehalten, dass Krauses Grundstück ›für eine Wohnungsbebauung‹ bis Jahresende ›nicht freigegeben werden sollte‹.«

Die Krause-Jäger beim *Spiegel* hatten ferner herausgefunden: »Die Kommunalpolitiker, unter denen Heidrun Krauses Vater Jochen Boldt (CDU) eine gewichtige Rolle spielt, sind ihren prominentesten Bürgern nicht zum erstenmal gefällig: Strenggenommen gibt es weder für den Bürohaus-Umbau noch für Krauses schmuckes Reetdachhaus einen ordentlichen Bebauungsplan, so die Gemeinde. Doch die Bauaufsicht des Kreises habe alles anstandslos genehmigt.«

Der Kollaborateur langte mit vollen Händen nach den Vorrechten, die sein Amt ihm beschert zu haben schien.

Er kannte im Umgang mit der Macht kaum mehr Grenzen und schien zu glauben, die von ihm mit ausgerufene Bundesrepublik sei ein »Selbstbedienungsladen«. Das war er zwar auch für viele, aber es gab doch gewisse Regeln, die Krause als Minister meinte ignorieren zu können.

Im April 1993 mehrten sich die kritischen Stimmen. So warnte der SPD-Abgeordnete Hinrich Kuessner auf einer Sondersitzung des Treuhand-Untersuchungs-Ausschusses, dass sich Krause bei seinen Grundstücksgeschäften doch nicht derart bereichern solle. Krause feuerte zurück: Er habe zwar beim Verkauf des Grundstücks seiner Frau das

Doppelte des ortsüblichen Preises kassiert, doch sei das noch viel zu wenig gewesen, wie der Käufer jetzt beim Weiterverkauf habe verlauten lassen. Kess fragte er zurück: »Darf ich eigentlich noch Kosten von der Steuer absetzen oder Kindergeld beantragen?«

Dass seine Putzfrau vom Arbeitsamt bezahlt wurde, erwähnte er nicht.

Krause fühlte sich offenbar sicher und unangreifbar. *Der Spiegel* 14/1993: »Es ist schwer, Krause zu kippen. Der Mann hat Verdienste. Er hat wesentlich an der Einheit mitgewirkt. Kohl und Schäuble haben ihm viel zu verdanken. Das macht ihn für die Mächtigen im Westen wie für viele Hinterbänkler im Osten zu einem Politiker mit Symbolwert.« Der Mann sei uneinsichtig bis zur Borniertheit, heißt es weiter. »In früheren Affären hat der Verkehrminister oft mit dem Rücktritt kokettiert. Doch er wusste stets: Es war nur ein Spiel. Als Vorzeige-Ossi war er für Partei und Kanzler unverzichtbar.«

Das war die Basis seiner Position: Er hatte den »Beitritt« unterschrieben und die DDR ausgeliefert! Ihn konnte niemand stürzen. Er mochte sich wie ein Pokerspieler in Las Vegas fühlen, einer, der wusste, dass ihn kein Saalordner je zur Tür bitten würde. Dabei übernahm er sich offenkundig. Er könnte jetzt noch in Amt und Würden sein, irgendeiner Stiftung vorsitzen, eventuell hätte er sogar Chancen gehabt, als Bundespräsident zu kandidieren. Es hätte alles gepasst: der erste »Ossi« im Charlottenburger Schloss, und zwar der, der alles unterschrieben hatte – statt des Staatssekretärs aus dem Westen namens Köhler, der seinerzeit in der Treuhand die Fäden zog.

Niemand weiß mit Sicherheit, was in dem letzten Gespräch zwischen Krause und Kohl tatsächlich erörtert worden ist. Am 6. Mai 1993 erklärte Bundesverkehrsminister Günther Krause seinen Rücktritt.

Ein Kapitel »deutsche Einheit« war abgeklappt worden, aber noch standen ihm viele Wege offen, denn wer einmal kollaborarierte, wird nicht gleich bei einem Schrittfehler davongejagt. Bislang hatte die Bundesregierung noch für jeden, der ihr 1989/90 zur Hand gegangen war, einen sicheren Platz gefunden.

Was sich zwischen Krauses Rücktritt am 6. Mai 1993 und seinem Auftritt im März 2010 im Schweriner Staatstheater zutrug, regt dazu an, den Vorschlag zu wiederholen, eine »Sonderkommission« zu bilden, die sich bemüht, das Geschehen wenigstens öffentlich zu machen. Es restlos aufzuklären scheint indes kaum möglich, es sei denn, man beauftragte damit eine Schar hochqualifizierter Kriminalisten und in Staatsanwaltschaften tätige Ermittler – vielleicht sogar Männer vom Scotland Yard.

Talkshow am Strand

Ließ etwa Scham den Ex-Minister abtauchen? Nein, so einer ist Krause nicht. Er blieb im Kollaborationsgebiet und erschien eines Tages in der heimischen *Ostseezeitung* auf einem Foto. Es zeigte ihn mit Fischern und suggerierte, der Professor hätte schon immer am Strand oder auf dem Meer geplackt. Das Bild schien als Dekoration für einen Film über heimatverbundene Ossis komponiert: Ein Fischerboot auf dem Sand, drei Fischer – einer mit Matrosen-Wollpudel – lehnen an den Planken und hören mit nachdenklichen Mienen dem Ex-Minister zu. Ein Raumfahrer, der zu einem Konferenz-Zwischenstopp auf die Erde zurückgekehrt ist und zwischen Dünen und Netzen mit norddeutschem Volk die nächsten Schritte berät.

Das Interview signalisierte sein Comeback.

Erste Worte zur Vergangenheit:

»›Trotz Beulen habe ich immer noch einen gesunden Gesichtsausdruck.‹

›Sie werden schon merken‹ – und seine graublauen Augen blitzen kämpferisch –, ›warum ich in Bonn den Spitznamen Besserwisser habe‹.

Ist jemand ein Besserwisser, wenn er zum Verhältnis der Deutschen in West und Ost dieses beklagt: ›Wir reden in Deutschland nur über Geld.‹«

Das war Krause pur! Er hatte in Börgerende, Berlin und Bonn Überweisungen am Band in Auftrag gegeben und den Bürgern der neuen Bundesländer erklärt, dass das neue Geld endlich Maßstab der Dinge werden muss!

Ja, so hatte sich das zugetragen. Und hatte er nicht den Menschen geraten, CDU zu wählen, und ihnen erzählt, im Hafen lägen schon die Schiffe, die mecklenburgisches Schweinefleisch laden sollten?

Der Professor dozierte weiter im »Strandhörsaal«, den ihm die Zeitung eingerichtet hatte und verkündete völlig neue Erkenntnisse: »Wir reden nicht über unsere Nation. Wir reden nicht darüber, wie wir endlich ein Selbstwertgefühl bekommen. Nicht ein Nationalbewusstsein, so was will ich nicht. Wir reden nicht darüber, wie wir die beiden Biographien gleichwertiger behandeln. Wir können sie aber nur gleichwertiger behandeln, wenn wir auch den Menschen in Ostdeutschland sagen: Ihr habt nicht umsonst gelebt! Man tut so, als ob 40 Jahre ehemalige DDR ausschließlich ein dunkles Loch gewesen wären. Richtig ist, dass wir die schlechteren gesellschaftlichen Voraussetzungen hatten. Aber entscheidender ist, was die Menschen daraus gemacht haben.«

Das predigte der Christ, der Schäuble versichert hatte, so gut wie nichts aus der DDR in die BRD zu »retten«? Die DDR war kein »dunkles Loch« gewesen, vielleicht nicht mal ein »Unrechtsstaat«?

Wohl um glaubwürdig zu bleiben, tippte er zwischendurch auf die Bremse: »Aber entscheidender ist, was die Menschen daraus gemacht haben, wer sich welche Nische wo gesucht hat. Welche Nische war denn nun wirklich in einer Diktatur verwerflich?«

Aber dann gab er schon wieder Gas: »Das kann ich nicht von Bonn aus einschätzen. Die Frage ist, wie sich jemand verhalten hat. Ob er vernünftig war, auch als SED-Mitglied, oder ob er ein Schweinehund war.« Was war diesem Krause widerfahren? Was, wenn Schäuble von dieser Strandlektion erfahren würde, oder gar Kohl?

Zumal er fortfuhr in dieser Tonart: »Den Ostdeutschen sei nach dem 3. Oktober 1990, dem Tag der Wiedervereinigung, klar gewesen, ›dass sich hier alles revolutionär verändert‹. Aber die politisch Verantwortlichen hätten den Westdeutschen nicht gesagt, dass am 3. Oktober 1990 ein deutscher Staat gegründet wird, der ganz anderen Anforderungen genügen muss.«

Er ließ den Reporter auch wissen, was er, der verunglückte Minister, nun vorhabe: »Er will sich als selbständiger Unternehmer um Beratung und Finanzierung von Aufbau-Projekten in Ostdeutschland und Osteuropa kümmern.

Und Wohnungseigentum will er schaffen, weil Eigentum, auch da denkt er politisch, die Demokratie festigt. ›Meine Vision ist, beispielsweise für eine Sekretärin, die mit einem Polizisten verheiratet ist, ein Eigenheim zu bauen, das nicht mehr als 200.000 Mark einschließlich Grundstück kostet. Vom Staat subventionierter sozialer Wohnungsbau kann für Normalverdiener keine erstrebenswerte Zukunft sein.‹«

Krause fabulierte nicht etwa. Plötzlich sah er wieder ganz scharf welche Wunderkräfte der Marktwirtschaft imstande waren, solche kühnen Pläne zu realisieren. Günther Krause – Eingeweihte versicherten später, dass seine clevere Ehefrau die Fäden gezogen und er nur das nötige Marketing beigesteuert habe – bot Wohnungssuchenden allen Ernstes einen Vertrag mit unglaublichen Konditionen. Man unterschrieb und verpflichtete sich damit nur, innerhalb von drei Jahren ein Eigenheim zu bauen. Keine Anzahlung, kein Kleingedrucktes. Krause sorgte für die 100 Quadratmeter und das Unternehmen, das das Haus errichtete. Dann erst bat die »Aufbau-Invest« zur Kasse: 199.000 DM. Und nicht einmal die musste man gleich überweisen, nein, die wurden von Krauses Firma kreditiert. Zum lächerlichen Zins von 5 Prozent – Branchenkenner redeten von »Dumping«und fanden keine passenden Worte für diese Konditionen. Der Häuslebauer hatte rund 1.200 DM im Monat zu zahlen und war schon Haus- und Hofbesitzer.

Jahre später mühten sich Fachleute, Krauses Eskapaden und finanziellen Transaktionen nachzuspüren und machten zahlreiche sensationelle Entdeckungen: Der Mann war ein Finanzjongleur – und konnte es sein, weil er noch immer einen »Kollaborations«-Sonderkredit genoss, finanziell wie moralisch, und diesen hemmungslos ausnutzte.

Nachfolgend sind die Ergebnisse einer Untersuchung wiedergegeben, wobei die »SoKo« des Autors darauf verzichtete, Pfade in das Gestrüpp der einzelnen Geschäfte zu schlagen. Es handelt sich nur um eine grobe, nüchterne Chronik, die beiläufig zeigt, mit welch wildem Eifer der Mann, der den Kapitulationsvertrag erarbeitete und unterschrieb, ihn später auch für sich selbst zu nutzen wusste.

1992: In Peking lernte er bei der Eröffnung des Lufthansa-Centers den im Saarland geborenen und lange in Monaco lebenden Dieter Holzer kennen. Der Geschäftsmann und Lobbyist war später in die Affäre um den Erwerb der Leuna-Werke durch den französischen Konzern Elf Aquitaine verwickelt und wurde 2003 vom Strafgericht Paris der Unterschlagung und Veruntreuung von Vermögenswerten, des Machtmissbrauchs und der Hehlerei für schuldig befunden und zu hohen Geld- und Haftstrafen verurteilt. Am 15. Dezember 2010 wurde er in der BRD wegen weiterer Vergehen verhaftet.

Am 6. Mai 1992 hatte Krause wegen des Leuna-Deals einen Brief an die Treuhandchefin Breuel gerichtet und und war anschließend zum Formel-I-Rennen nach Monaco geflogen, um Holzer in dieser Sache zu informieren.

1993: Krause ließ sich eine Haushaltshilfe vom Arbeitsamt finanzieren. Diese sogenannte Putzfrauen-Affäre und sein privater Umzug von Berlin nach Börgerende, für den Krause der Staatskasse die Kosten aufbürdete, führte nach einem Gespräch mit Kohl zum Rücktritt als Bundesminister am 6. Mai.

1993: Krause gründete die Aufbau-Invest AG in der Schweiz und die Aufbau-Investitionen GmbH in Deutschland.

1993: Im Juli, zwei Monate nach seinem Rücktritt als Minister, lieh die Bayerische Landesbank Krause elf Millionen DM zum günstigen Zinssatz von 7,5 Prozent. Versuche, die Summe bei Transaktionen in der Schweiz zu vermehren, misslangen. Sein Teilhaber bei der Schweizer Aufbau-Invest AG, Kurt Windlin, habe – so der *Spiegel* –die Summe der Finanz- und Commerz-Treuhand-AG (FCT) im schweizerischen Uitikon anvertraut.

1994: Im März wurden 9.292.503,75 DM an Krause zurückgezahlt, der den Betrag an die Bank Companie Nord (BCN) in Kiel überwiesen haben will mit der Absicht, das Bankhaus mit Windlin zu kaufen. Gemeinsam mit zwei Getreidehändlern soll das Geschäft im Restaurant »Kieler Schloss« gefeiert worden sein.

1994: Im Mai zog Krause sein Geld wieder ab und überwies fünf Millionen US-Dollar auf eine Bank in Zürich, die sie der Deutschen Bank in Lugano zugeleitet haben soll. Von dort gelangten sie zu einem Gebrauchtwagenhändler in Österreich namens Baliko. Danach verlor sich angeblich jede Spur von den fünf Millionen Dollar. Laut *Spiegel* sei das von Krause geliehene Geld »über die Finanz Commerz AG in Zürich in Yen/Dollar-Geschäfte investiert worden, was sich später als »groß angelegter Schwindel« herausgestellt habe. In dessen Folge sei sein Haus, dass er der Bayerischen Landesbank als Sicherheit (für elf Millionen DM) überschrieben hatte, 1998 zwangsversteigert worden.

1995: Krause wieder beim Formel-I-Rennen in Monaco, wohin ihn Holzer mit seinem Privatflugzeug aus Rostock-Laage hatte abholen lassen.

1995: Im Oktober offerierte die Bayerische Landesbank eine »Schuldenregelungsvereinbarung«, deren Konditionen für den Laien kaum zu überschauen waren. Die Bank soll ihre Forderungen präzisiert und alle von Krause bei der Aufbau-Investitionen GmbH erzielten Gewinne in den nächsten zehn Jahren eingefordert haben. Teil der »Vereinbarung« soll auch ein an Krause zu zahlendes Geschäftsführergehalt von »jährlich 180.000 M« gewesen sein.

1995: Krauses langjähriger Partner Franz Baliko, der Gebrauchtwagenhändler aus dem Kurort Bad Tatzmannsdorf im Burgenland, welcher nach einer Firmenpleite 1991 zu plötzlichem und rätselhaftem Reichtum gelangt war, wurde vom Landesgericht Eisenstadt wegen Betruges, Untreue und Geldwäsche zu fünfeinhalb Jahren Gefängnis verurteilt.
1995: Am 19. Dezember feierte das Ehepaar Krause seinen 20. Hochzeitstag. Es soll der Tag gewesen sein, an dem Ehefrau Heidrun erfuhr, dass ihr Vermögen restlos verloren gegangen sei. (Die Ehe soll am 14. September 1998 in Bad Doberan geschieden worden sein.)
1996: Am 18. November soll Heidrun Krause (später Hagedorn) einen Offenbarungseid geleistet und fortan von ihrer Rente gelebt haben.
1997: Im September forderte das Berliner Finanzamt von Krause die Begleichung aufgelaufener Steuerschulden in Höhe von 113.657,14 DM
1998: Im Februar betrugen Krauses Mietschulden für Büroräume rund 70.000 DM.
1999: Krauses Schulden bei der Bayerischen Landesbank sollen am 31. Dezember 13.133.562,57 DM betragen haben.
1999: Im Herbst wurde das Insolvenzverfahren gegen die 1993 von Krause gegründete Aufbau-Investitionen GmbH eröffnet.
Dem durch diese »Bilanz« möglicherweise ermüdeten Leser soll noch mitgeteilt werden, dass Krause in all den Jahren keineswegs zurückgezogen lebte. So trat er am 9. Dezember 1995 bei »Wetten dass …?« in Rostock auf. Zu der von ihm einzulösenden Wette gehörte, dass er mit seinen beiden Partnern den Prinzen-Hit »Du musst ein Schwein sein auf dieser Welt« sang.
Die Liste ist damit noch nicht an ihrem Ende und auch Krause hatte nicht fertig, aber verweilen wir erst einmal.

Büro in Ku'dammlage

Zu den vielen Journalisten, die Krauses Dschungelspuren aufzuspüren versuchten, gehörte auch der *ND*-Redakteur René Heilig.

Im Herbst 1996 wandte er sich an das »Volkshäuser« vermittelnde Büro in Berliner Ku'dammlage und bat um ein Gespräch. Günther Krause war nicht da, hätte wohl auch keine Zeit gehabt, wenn er dort gewesen wäre, und auch ein Herr Hofmann, der die Kunden beriet, war nicht bereit, in dieser Interview-Sache behilflich zu sein. »Der Professor ist jetzt so in den Schlagzeilen«, weshalb er kein Interesse an Interviews habe.

Heilig erfuhr auch sonst nichts. Er schrieb dazu in seinem Zeitungsbeitrag: »Nein, Prospektmaterial gebe es auch nicht, man bespreche alles im direkten Kontakt mit künftigen Bauherren. Was die vor dem Abschluss der Finanzierungsoption in die Hand bekommen, sind dürftige Blätter. Aus denen man auch nicht auszugsweise nachdrucken, fotomechanisch wiedergeben und übersetzen darf.«

Heiligs aufkommender Verdacht in Richtung Luftschloss sollte zunächst von einem brieflichen Angebot folgenden Inhalts zerstreut werden: »Sehr geehrte Familie XYZ, entsprechend Ihrer Nachfrage zum Volkshaus können wir Ihnen mitteilen, dass wir jetzt in der Lage sind, Ihnen einen Standort in Blumberg anzubieten.«

Also machte sich der Reporter auf in die Gemeinde am Rande Berlins. Auf dem Flurstück 134 würden demnächst Häuser statt Unkräuter sprießen, suggerierte eine beigefügte Karte. Der Friedensweg, der von der B 158 abgeht, war als Adresse genannt worden.

Der Friedensweg war ein Modderpfad, an dem zur Linken vier Bodenreformhäuser und eine Autoverwertungsfirma standen. »Komm' Se wegen der Häuser?« Der Kfz-Verwerter zeigte sich unwirsch.

Heilig zitierte ihn mit den Worten: »Alle paar Tage machen mich hier Leute an, ick weiß von nischt.«

Damit ist er nicht der einzige, der »von nischt« weiß. »Der AI (*gemeint ist Krauses Firma Aufbau-Invest – K. H.*), so war deshalb nur hintenherum zu erfahren, schweben Reihenhäuser mit 350 Quadratmeter Grund und Boden vor. Flurstück 134 misst 8.000 Hektar, da lässt sich einiges bauen. Für knapp 200.000 DM pro Stück? Im Nachbarort Seefeld entsteht derzeit ein mehrstöckiger Wohnpark. Nachfrage beim Makler der Eigentumsquartiere: ›Sie müssen mit 4.800 Mark pro Quadratmeter rechnen.‹«

Weitere Rückfragen da und dort ließen die Ratlosigkeit bei dem *ND*-Journalisten noch wachsen.

Heilig traf den Amtsdirektor. »›So sehr ich mir das wünsche, die Sache funktioniert höchstens an der Küste, in einem gewissen Urlaubsbad‹, sinnierte Wollermann (SPD), der zunächst ebenfalls von nichts wusste, dann nur nichts sagen wollte und schließlich beziehungsreiche Halbsätze über den guten Mann von Börgerende sprach.

›Funktioniert nicht‹, entschied auch der Bürgermeister Dr. Peters.«

Rene Heilig fuhr von Pontius zu Pilatus, telefonierte, recherchierte, aber letzte Klarheit brachte er dennoch nicht in das Bild. Das ist um so verblüffender, weil Bausparkassen jeden Abend im Fernsehen mit ihren Offerten die potentiellen Kunden überschütten oder Banken Baukredite anbieten – und alle liegen weit über dem Angebot von Prof. Dr. Günther Krause, der nicht einmal Prospekte verschickte.

Schließlich stieß der Reporter noch auf eine ungewöhnliche Spur. »Folgendes mutet komisch an: Beim zuständigen Bauamt in Ahrensfelde meldete sich jemand als Beauftragter der Firma Parker, Gold & Company, New York. Nebst einigen anderen Flächen stand sein Sinn auch nach dem Flurstück 134. *Der Spiegel*, für gewöhnlich gut informiert, berichtete unlängst über einen Brief, den Krause (nach *ND*-Recherchen Ende Januar, Anfang Februar) an die Finanzminister der fünf Länder gerichtet hatte. Inhalt: Volkshaus-Initiative. Er sei ›beauftragt, moderne Finanzierungsmethoden zum Vorteil der jungen Bundesländer anzubieten‹, die unter Mitwirkung von Weltbank, Weltwährungsfonds und US-Zentralbankrat erarbeitet worden seien.« Heilig fragte dort nach. »In Potsdam ist der Brief nicht bekannt«, hieß es. Jedoch: »Es gibt wenig Grund, an einer Beziehung zwischen Krauses AI und der New Yorker Firma zu zweifeln. Schon, weil sich Krause selbst (laut *Spiegel*) als ihr Beauftragter auswies. Die AI musste also wissen, dass man dem Parker-Mann in Ahrensfelde abschlägig antwortete. Was die AI nicht hinderte, Angebote an Bauwillige mit der Blumberger Adresse zu versenden.

Nur ein Irrtum? Wohl kaum, denn auch jüngste telefonische Nachfragen im Berliner Büro bestätigten: ›Jetzt ist da nur Acker, aber wenn wir erst einmal loslegen ...‹

Wenn! Es ›spiegelt‹ das Gerücht, bei der New Yorker Adresse handelt es sich lediglich um eine Briefkastenfirma. Na, das gäbe ja wieder Schlagzeilen.«

Doch derlei Gaunereien wären bei allem Kummer, den sie den Opfern bereiten, bei den »Schnäppchen« einzuordnen, wenn es um den »Fall IG Farben« geht.

Und nun auch das noch: Aufsichtsrat bei IG Farben

An jenem Tag im Jahre 1994, an dem Krause mitteilte, er habe sich entschlossen Mitglied des Aufsichtsrates der IG Farben i. L. zu werden, bestieg er eine politische Etage, gegen die der Poker um Billighäuser wie der Groschenkauf von Gummibärchen in einem Discountladen wirken musste.

Für diese Entscheidung dürfte der angebliche Jugendweiheverweigerer und CDU-Kreisvorsitzende, der »Beitritts-Verhandler« und Ex-Bundesminister wohl nie eine überzeugende Erklärung oder wenigstens Ausrede finden, von einer »Gegendarstellung« oder einem Dementi ganz zu schweigen.

Seine Rolle 1990 legitimierte er mit dem Hinweis, schließlich sei er von der Mehrheit der Volkskammer damit beauftragt worden. Für den Eintritt in das Unternehmen, welches den Faschisten das Gift für die Gaskammern von Auschwitz und anderer Vernichtungslager lieferte, gab es keine Rechtfertigung. Damit hatte Krause den Rubikon freiwillig überschritten.

Der Firmenname des offiziell am 2. Dezember 1925 gegründeten Unternehmens klingt geradezu harmlos: I.G. Farbenindustrie AG. Es war ein Zusammenschluss mehrerer Chemieunternehmen zum größten Chemiekonzern der Welt. Nicht nur Historiker können heute mit ihrem Wissen jeden Verdacht eines ungefährlichen Unternehmens für die Produktion von Deckenweiß oder Fußbodenbraun ausräumen.

Als zu Beginn des vorigen Jahrhunderts der Kampf der Hersteller synthetischer Farben gegen die natürlich erzeugten auf dem Weltmarkt seinem Höhepunkt zusteuerte, hatte der Chemiker Carl Duisberg seinen deutschen Mitkonkurrenten vorgeschlagen, eine »Interessengemeinschaft« zu gründen. Man traf die in solchen Situationen üblichen Vereinbarungen: gemeinsamer Bezug von Rohstoffen, quotenmäßige Marktaufteilung und vereinter Kampf gegen alle Konkurrenz.

Das erste mörderische Ergebnis dieses zunächst scheinbar nur gegen die Hersteller des aus Pflanzen gewonnenen Indigoblaus gerichteten Konzernkomplotts war der furchtbare 22. April 1915: Aus hunderten Stahlbehältern waren bei Ypern in Belgien 180.000 kg Chlorgas auf die britischen und französischen Schützengräben abgeblasen worden. Es war die Geburtsstunde des Gaskrieges, der nur deshalb nicht eskalierte, weil deutsche Generale einen Gegenschlag fürchteten. Spätestens seit jenem Tag hatte die IG (Interessengemeinschaft) Farben die Farbe des Todes in ihrer Produktpalette und widmete sich ihr später mit mörderischem Eifer.

Zwei Jahrzehnte nach dem verheerenden Tag von Ypern sandte das IG-Farben-Vorstandsmitglied Prof. Carl Krauch eine Denkschrift an die Hitler-Regierung, in welcher er darauf hinwies, »dass die chemischen Waffe die Waffe der überlegenen Intelligenz und des überlegenen technisch-naturwissenschaftlichen Denkens ist. Als solche ist sie berufen, in deutscher Hand kriegsentscheidend sowohl an der Front als auch gegen das feindliche Hinterland eingesetzt zu werden«.

Als »Sonderangebot« präsentierte das Unternehmen die gerade von Gerhard Schrader entwickelten Nervengase Tabun und Sarin. Die schon bei Ypern eingesetzte Blausäure bildete den Grundstoff für das Todesgas, das dann weltweit zum Inbegriff für den faschistischen Massenmord werden sollte: Zyklon B.

Die fälligen Lieferrechnungen der IG Farben gingen an die SS. Diese zeigte sich gegenüber ihrem Lieferanten kulant und richtete Lager ein, in denen Häftlinge zu »Sonderpreisen« für die IG Farben schuften mussten oder als Versuchsobjekte für barbarische Experimente zur Verfügung standen, die sie nicht überlebten. Zitat aus einem Brief an die SS: »Bezüglich des Vorhabens mit einem neuen Schlafmittel würden wir es begrüßen, wenn Sie uns eine Anzahl Frauen zur Verfügung stellen würden.«

150 Frauen wurden »zur Verfügung« und 25.500 RM dafür in Rechnung gestellt – Kopfpreis also 170 RM.

Der Lieferant wurde später über das Ergebnis informiert: »Die Versuche wurden gemacht. Alle Personen starben. Wir werden uns bezüglich einer neuen Lieferung bald mit Ihnen in Verbindung setzen.«

Wenn auch am Kapitalismus geschulter Menschenverstand zu erklären vermag, warum die alliierten Luftflotten während des Zweiten Weltkrieges nur selten Industrieanlagen der IG Farben bombardierten – 87 Prozent der Werke waren bei Kriegsende noch voll einsatzfähig! –, blieb den alliierten Politikern angesichts der Empörung der Weltbevölkerung keine andere Wahl als die Zerschlagung des Konzerns. Mit Kontrollratsgesetz Nr. 9 – Beschlagnahme und Kontrolle des Vermögens der I. G. Farbenindustrie AG – sollte das Unternehmen für seinen Holocaust-Beitrag bestraft werden. Man rettete sich aber in eine Dezentralisierung und so entstanden die Farbenfabriken Bayer AG Leverkusen, die Badische Anilin- und Sodafabrik (BASF) Ludwigshafen und die Farbwerke Höchst. Wie man mühelos erkennen kann, blieb das Unternehmen harmlos anmutenden Namen treu.

Im Mai 1947 wurden 24 IG-Farben-Direktoren vor einem Alliierten Tribunal in Nürnberg angeklagt. Die Anklage lautete: »Planung, Vorbereitung und Führung von Angriffskriegen, Raub und Plünderung, Versklavung und Massenmord, Mitgliedschaft in verbrecherischen Organisationen und gemeinsame Verschwörung gegen den Völkerfrieden.«

In der Anklageschrift hieß es: »Das Ergebnis der von Hitler und der I.G. im Jahre 1932 geschaffenen Grundlage für die Zusammenarbeit war, dass die I.G. ihre riesigen Hilfsquellen auf die Schaffung und Ausrüstung der deutschen Militärmaschine für den Krieg konzentrierte, neue Produktionsprozesse erfand, riesige Mengen von Kriegsmaterial herstellte. […] Giftgase und verschiedene tödliche pharmazeutische Produkte, die die I.G. herstellte und an Beamte der SS lieferte, wurden für Experimente an versklavten Personen und zu ihrer Ausrottung in den Konzentrationslagern ganz Europas verwendet. Die I.G. führte Experimente an Menschen ohne deren Zustimmung durch, um die Wirkung ihrer Präparate festzustellen.«

Der amerikanische Ankläger, Brigadegeneral Telford Taylor, begründete seine Anträge mit den Worten: »Sollten Sie nicht bestraft werden, werden Sie für den künftigen Frieden der Welt eine viel größere Gefahr darstellen, als Hitler, wenn er noch am Leben wäre.«

Weder die von den 87 Anwälten umsichtig vorbereiten Berge alle Untaten leugnenden Erklärungen, noch ein von Experten »gesäubertes« Firmenarchiv konnten das Gericht davon abbringen nach 152 Verhandlungstagen klare Schuldsprüche zu fällen. Sie wurden mit der Plünderung ausländischen Eigentums, den als »Kriegsverbrechen« gewerteten Einsatz von Zwangsarbeitern in den Firmen der I. G. und wegen der in Monowitz begangen »Verbrechen gegen die Menschlichkeit« begründet.

Die Hauptangeklagten erhielten am 30. Juli 1948 Strafen von acht (Ambros und Dürrfeld), sieben (ter Meer) und sechs Jahren Gefängnis (Krauch).

Zehn der übrigen 23 Angeklagten sprach das Militärtribunal frei, die übrigen neun erhielten Haftstrafen zwischen 18 Monaten und 5 Jahren.

Die westdeutschen Medien machten aus ihrer ablehnenden Haltung gegenüber diesen Urteilen kein Hehl. Ein Hans-Georg von Studnitz, der die Prozesse in der *Zeit* kommentierte, nannte die Verfahren Versuche, die 1945 von Amerikanern und Russen verfügte Zerschlagung der deutschen Wirtschaft juristisch zu rechtfertigen. Auch kleine Aktionäre und Pensionäre der I. G. Farben seien durch das Urteil »geschädigt« worden. Die *Zeit* monierte an dem »Monsterprozess«, »dass der größte und angesehenste deutsche Industriekonzern, dazu noch der Erzeuger von Mitteln, die die Menschheit von Geißeln wie der Malaria und der Schlafkrankheit befreit haben, im Zusammenhang mit Dingen genannt wird, die zu den fürchterlichsten Gräueln der abgelaufenen Epoche gehören«.

Angesichts dieser wohlmeinenden Stimmen konnten die in Landsberg einsitzenden IG-Farben-Bosse auf Sympathie auch bei der Justiz hoffen. Nicht vergeblich: Carl Krauch, Otto Ambros und Fritz ter Meer wurden bereits im Sommer 1950 auf Grund neuer Anrechnungsregeln für »gute Führung« entlassen. Den Rest des Problems klärte der amerikanische Hohe Kommissar, John McCloy, als er Ende Januar 1951 einen Großteil der Landsberger Häftlinge begnadigte. Sie kehrten schon bald an die Spitze der Wirtschaft zurück. Otto Ambros etwa übernahm Aufsichtsratsposten bei Chemie Grünenthal, Pintsch Bamag, Knoll, Feldmühle und Telefunken. Außerdem wurde er als persönlicher Berater von Bundeskanzler Konrad Adenauer tätig.

Zu jenen, die den Gerichtssaal als freie Männer verlassen durften, gehörte auch der Leiter der chemischen Forschung und der Entwicklung von Giftgasen, Heinrich Hörlein. Er wurde umgehend in den Aufsichtsrat der Bayer AG gewählt und 1952 zum Ehrenmitglied der Medizinischen Akademie Düsseldorf befördert, und zwar »in Anerkennung seiner großen wissenschaftlichen Verdienste, insbesondere für die Förderung der Zusammenarbeit von Chemie und Medizin, die sich segensreich für die ganze leidende Menschheit ausgewirkt hat«. War das Zynismus, Trotz oder Dummheit?

Den Gipfel des Hohns erklomm der Kriegsverbrecher Dr. Heinrich Bütefisch. Der in Nürnberg 1948 zu sechs Jahren verurteilte SS-Obersturmbannführer und Chemiker, dem Hitler 1944 das Ritterkreuz zum Kriegsverdienstkreuz verliehen hatte, war nach drei Haftjahren entlassen und von der bundesdeutschen Industrie wieder für Aufsichtsräte engagiert worden. Am 5. März 1964 verlieh Bundespräsident Heinrich Lübke Bütefisch zu dessen 70. Geburtstag das Große Bundesverdienstkreuz des Verdienstordens der Bundesrepublik mit folgender Begründung: »Dem Weitblick und dem rücksichtslosen Einsatz des Vorgeschlagenen ist es wesentlich zu verdanken, dass nach 1945 die schlimmsten Schäden von der Wirtschaft des rheinisch-westfälischen Industriegebiets, namentlich der Zertrümmerung ihres industriellen Potentials, ferngehalten wurden. Aufgrund seiner Initiative gelang es, die chemische Industrie auf eine neue wirtschaftliche Basis zu stellen.«

Beifall rundum. Ein strahlender Ex-Häftling Bütefisch, ein Lübke, der mit seiner Unterschrift besiegelt hatte, wem die Bundesrepublik »Verdienste« honorieren würde, selbst wenn es sich um einen früheren SS-Offizier handelte. Diese Ehrung des »Rechtsstaats«, dessen Schreihälse der DDR täglich »verordneten Antifaschismus« ankreideten, erwies sich als ein politischer Rohrkrepierer von enormen Kaliber. Ein Skandal, der auch mit den größten Besen nicht mehr unter die Teppiche zu kehren war. Der *Spiegel* 15/1964 schrieb: »Die Kreuz-Fahrt begann und endete zu Bonn am Rhein. Sie dauerte sechzehn Tage. So lange nur besaß der Essener Dr. Heinrich Bütefisch, 70, das Große Verdienstkreuz der Bundesrepublik. Dann musste er den Orden (Durchmesser: 60 Millimeter) nebst seidenem Halsband (Breite: 44 Millimeter) an den Bundespräsidenten zurückgeben, der ihm das Kreuz gerade erst verliehen hatte. […] Bütefisch, heute stellvertretender Aufsichtsratsvorsitzender der Ruhrchemie AG, war einst im

IG-Farben-Konzern vom Laborchemiker zum Chef der mitteldeutschen Leunawerke und zum Vorstandsmitglied, in der SS zum Sturmbannführer aufgestiegen. [...] Bütefisch trug Mitverantwortung dafür, dass sein Chemiekonzern während des Krieges Häftlinge von der SS für dortige Zweigwerke auslieh. Nürnberger Urteil: ›Die Ausbeutung der Arbeit von KZ-Insassen ist ein Verbrechen gegen die Menschlichkeit.‹«

Allerdings mühte man sich zu vertuschen, wer den Stein ins Rollen gebracht. Der Spiegel nannte drei Quellen: ein Unbekannter aus Süddeutschland, der Ostberliner Professor Dr. Jürgen Kuczynski oder Reinhard Strecker, ein freier Publizist aus Westberlin. Der *Spiegel* hätte sich jedoch durchaus festlegen können, was er unterließ. Der Nachweis der Verstrickung Bütefischs in den Holocaust kam aus der DDR.

Am 19. März 1964 war in Frankfurt am Main der Auschwitzprozess fortgesetzt worden. Als Gutachter war der Wirtschaftshistoriker Prof. Jürgen Kuczynski, der an der Berliner Humboldt-Universität lehrte, vor die Schranken gerufen worden. Er war vom DDR-Nebenkläger Prof. Dr. Kaul bestellt worden. Kuczynskis Vortrag lautete: »Die Verflechtung sicherheitspolitischer und wirtschaftlicher Interessen bei der Einrichtung und im Betrieb des KZ Auschwitz und seiner Nebenlager.«

»Wir besitzen eine Erklärung unter Eid von Heinrich Bütefisch, bekanntlich Vorstandsmitglied der IG, in der es heißt: ›1940 trat das Planungsamt«, so der jüdische DDR-Wissenschaftler in seinem Vortrag, »mit der Auflage heran, ein drittes Bunawerk zu bauen, [...] mit der Begründung, dass die dortigen Bodenverhältnisse, das Vorhandensein von Kohle, Wasser und Kalk sowie nach Aussage des Arbeitsamtes das Vorhandensein von Arbeitskräften – z. B. Polen und Häftlinge des Konzentrationslagers Auschwitz – die Errichtung begünstigen‹.« Und Kuczynski belegte mit Zeugenaussagen, dass Heinrich Bütefisch »im März oder

April 1941« an einer Besprechung mit SS-Obergruppenführer Wolff »wegen des Einatzes von KZ-Häftlingen bei IG Auschwitz« teilgenommen hatte.

Das Gericht sorgte für einiges internationales Aufsehen, als es beschloss, den Gutachter für »befangen« zu erklären. Kuczynski habe, so der Vorwurf, »spätere Aussagen der Betroffenen, die sie entlasten könnten«, nicht berücksichtigt. Dass die fatale Situation, in die der Bundespräsident durch das Gutachten Kuczynskis geraten war, diese Entscheidung des Gerichts maßgeblich beeinflusst hatte, lag auf der Hand.

Gleichwohl war damit die Belastung Bütefischs publik und es blieb für Bonn nur der Rückzug, den man als geordnet erscheinen lassen wollte. Der erste Mann der Bundesrepublik hatte einem vorbestraften SS-Mörder einen der höchsten Orden der Republik verliehen!

Der »*Spiegel*« wollte nun herauszufinden, wer für diesen »Missgriff« des Bundespräsidialamtes verantwortlich zu machen sein könnte. »Vorgeschlagen hatte den Essener Manager die Düsseldorfer Filiale des Bundesverbandes der Deutschen Industrie. Die nächste Instanz, das Ordensreferat der Düsseldorfer Staatskanzlei, forderte routinemäßig eine Auskunft des Verfassungsschutzes und einen Strafregisterauszug an. Die Verfassungsschützer meldeten gegen den ehemaligen Leuna-Boss, der Mitteldeutschland noch vor dem Einmarsch der Russen verlassen hatte, keine Bedenken an. Und in dem Registerauszug war die alliierte Strafe nicht vermerkt. Das Bundespräsidialamt verzichtete traditionsgemäß auf jedwede weitere Recherche. Lübke signierte die Verleihungsurkunde, und der Orden ging nach Düsseldorf.« Der Bundesverband der Deutschen Industrie war auf die Idee gekommen, und es ist keine böse Unterstellung zu behaupten, dass dort Bütefischs Vorleben hinlänglich bekannt gewesen sein dürfte.

Ebenso aufschlussreich: Als nächstes hatte man den Verfassungsschutz konsultiert, jene Instanz also, die mit einem enormen Beamtenapparat dafür Sorge trug, dass niemand die freiheitlich-demokratische Grundordnung störte – wie etwa die 1956 verbotene KPD, von denen nicht wenige Mitglieder vor 1945 unter den Nazis und nach 1949 von den »Demokraten« verfolgt, verurteilt und eingesperrt wurden. Jedes Flugblatt, jeder Protest und jede Äußerung der Kommunisten war vom Verfassungsschutz registriert worden, nicht aber eine sechsjährige Haftstrafe, die gegen Bütifisch 1948 von den Alliierten verhängt worden war.

Die Liquidatoren hatten schon bald nach dem 1948 erlassenen Befehl der Siegermächte für ihr Unternehmen, dessen Name nun den Zusatz trug »i. L.«, in Liquidation, Büros gemietet, sich in Telefonbücher eintragen lassen und an der Börse ihre faktisch nicht mehr existierenden Aktien feilgeboten, als hätten die I.G. Farben nur vorübergehend eine Betriebspause eingelegt. Trotz der am 10. November 2003 von den Liquidatoren angemeldeten Insolvenz werden bis heute Aktien der IG Farben i. L. gehandelt, die börsennotierten Papiere tragen die Stammdaten »I. G. Farbenindustrie AG i. A. Liquidationsanteilscheine, ISIN DE0005759070, WKN 575907, Symbol IGL«.

Dass man sich Krause ins Boot holte, hing wahrscheinlich damit zusammen, dass die Werke der IG Farben in der sowjetischen Besatzungszone (Leuna, Schkopau, Bitterfeld und Wolfen) mit Befehl Nr. 124 der SMAD am 30. Oktober 1945 zu SAG-Betrieben gemacht worden waren, welche später an die DDR übergeben worden waren. Diese wollten man offenkundig mit Krauses Hilfe irgendwie zurückholen. Nicht die Überlegungen der Konzernchefs waren das Ärgernis, sondern die Tatsache, dass Krause sich selbst dafür engagierte.

Warum das alles interessiert?

Auch, weil diese Tatsachen hinreichend belegen, dass seit 1945 in der alten und nach 1990 in der »neuen« Bundesrepublik wenig unternommen wurde, um das Verbrecher-Syndikat von der Bildfläche zu vertreiben. Vor allem aber, weil sich der Kolloraboteur Krause bei den I.G.-Farben-Erben mit dem Versprechen anbot, ihre verlorenen Reichtümer im Osten »zurückholen« zu können.

Es ist später oft versucht worden, diesen Krause-Schritt an die Seite der in Nürnberg verurteilten Mordindustrie zu leugnen. Das war vergebliche Liebesmüh. Hier zwei nie widerrufene Darstellungen der *Berliner Zeitung*. Die erste stammte vom 22. Juli 1994: »Günter Krauses neuer Aufstieg bei IG Farben«.

»Still war es um Günter Krause geworden seit seinem Rauswurf als Verkehrsminister in Bonn Anfang Mai 1993«, schrieb Autor Bo Adam. »Ausgerechnet die IG Farben – exakter Name: IG Farbenindustrie in Abwicklung – hat sich des früheren Kanzler-Lieblings besonnen und will ihn in den Aufsichtsrat des Unternehmens befördern. Krause sei, so die Firma, durch seine Mitarbeit bei der Gestaltung der deutschen Einheit ein kompetenter Fachmann.

Auch der selbstbewusste Ossi (Krause über Krause: ›An keiner Stelle fachlich versagt‹) hat keine Berührungsängste. Er stimmte dem Ansinnen zu, weil – wie er der *Berliner Zeitung* bestätigte – es ihm die Möglichkeit gebe, an ›den realen Abwicklungsfällen der Wiedervereinigung‹ mitzuwirken.

Damit steigt Krause in das vielleicht eigentümlichste Unternehmen der Bundesrepublik ein. Seit 40 Jahren befindet sich die IG Farben in Liquidation. [...] Doch nicht als Liquidator soll der vitale 40jährige aus dem mecklenburgischen Bad Doberan agieren. Im Gegenteil: Der IG Farben geht es um die Rückgabe ihres Alteigentums in der Ex-DDR – 151 Millionen Quadratmeter Land. Nach 1945 war der Boden – anders als im Westen – enteignet worden. Bisher sperrten sich die Gerichte gegen diese Wünsche. Nun hofft das Unternehmen auf die Durchsetzungskraft des Wiederaufsteigers Krause.«

Die zweite Nachricht erschien am 31. August 1994 in der gleichen Zeitung: »IG Farben wittert Morgenluft. Mit

Ex-Bundesverkehrsminister Günther Krause an der Spitze will sich die IG Farben i.A. sofort dem Wiedererwerb der enteigneten Grundstücke in Ostdeutschland widmen. Der von Gorbatschow-Äußerungen neu entfachte Streit um die Enteignungen in Ostdeutschland hat bei der IG Farben AG in Abwicklung neue Hoffnungen auf die Wiedergewinnung von Vermögenswerten geweckt. Bei der gestrigen Hauptversammlung des einstigen Chemiekonglomerats in Frankfurt am Main regte ein Altaktionär unter breitem Beifall an, den früheren sowjetischen Staatschef Michail Gorbatschow in den Aufsichtsrat zu wählen. Als Kandidat stand aber nur der frühere Bundesverkehrsminister Günther Krause zur Wahl, der der IG Farben bei der Beschaffung von Besitz aus der Zeit des deutschen Reiches helfen soll.«

Erwähnt werden muss auch: Als sich die »Aktionäre« im Juli 1994 in Frankfurt am Main zu ihrem jährlichen Meeting versammelten und guter Dinge waren, die »Einheit« würde nun endlich auch ihre »Werte«, damit ihre Aktien und vor allem auch das durch so teuflische Geschäfte erworbene Vermögen retten, blockierten Demonstranten den Eingang zu dem Nobelhotel. Einmal mehr erinnerten Überlebende und Angehörige von Opfern des faschistischen Gas-Mordfeldzugs an die in der BRD nie vollzogenen Schuldsprüche und erneuerten ihr Recht auf Entschädigung. In ihrer Mitte war auch Peter Gingold, der ein Schild mit der Aufschrift trug: »Mein Bruder, meine Schwester, meine Verwandten – ermordet mit dem Giftgas der IG Farben.« Er und Zehntausende Hinterbliebene der Opfer jener »Zusammenarbeit von Chemie und Medizin, die sich segensreich für die ganze leidende Menschheit ausgewirkt hat«, forderten seit Jahrzehnten Wiedergutmachung. 30 Millionen DM hatte IG Farben über Jahre an jüdische Organisationen gezahlt und damit – so die Konzernjuristen – angeblich hinreichend Entschädigung geleistet. Dabei: Allein in Auschwitz waren vier Millionen Menschen durch I.G. Farben-Gas ums Leben gekommen. Das wären – man wagt kaum, es zu berechnen – 7,50 DM pro Opfer und damit 162,50 Mark weniger, als die I.G. Farben der SS für die Frauen bezahlte, die als Versuchsopfer in ihren Labors zu Tode gequält worden waren.

Die Aktionäre wählten im Juli 1994 den Hintereingang, um zu ihrer mit so viel Hoffnung verbundenen Tagung zu gelangen und konnten dort auch ungestört in den Sesseln Platz nehmen. In einem waren sich alle einig: Niemand musste eine Anklage wegen Zyklon B etc. fürchten. Das nun vergrößerte und auch mächtigere Deutschland ließ zudem hoffen, dass man vielleicht doch wieder über die nach Kriegsende enteigneten Werke und Immobilien im Osten verfügen könnte.

Behauptet wurde: Hunderte Grundstücke seien dort nie juristisch korrekt enteignet worden und deshalb ungeachtet der Tatsache zurückzugeben, dass das Unternehmen durch Kontrollratsgesetz aufgelöst worden sei. Der juristische Vorwand: Am 30. Oktober 1945 waren die im Ostteil Berlins vorhandenen Liegenschaften als Kriegsverbrecherbesitz enteignet worden. Doch der SMAD-Befehl Nr. 124 wäre jedoch nicht – wie es juristisch vonnöten gewesen sei – im Amtsblatt des Magistrats veröffentlicht worden.

Der von Friedrich Ebert geleitete Magistrat korrigierte am 8. Februar 1949 dieses Versäumnis, und als Gesetzestext wurde die Entscheidung am 2. Dezember 1949, also nach Konstituierung der DDR, im Verordnungsblatt veröffentlicht. Da im von Günther Krause ausgehandelten »Einigungsvertrag« aber das Datum der Gründung der DDR als Stichtag dafür angegeben worden war, bis zu dem Enteignungen respektiert werden sollten, schien die Frist überschritten. Gleichwohl stand die Tatsache entgegen, dass Berlin auch nach Gründung der DDR de jure unter Viermächte-Kontrolle stand und der sowjetische Sektor nicht zur DDR gehörte (weshalb Abgeordnete im

Osten Berlins nicht direkt in die Volkskammer und im Westen nicht in den Bundestag gewählt werden durften).

Die I.G.-Farben-Erben waren dennoch guter Dinge, diese Auseinandersetzung zu gewinnen und an Milliarden zu gelangen. Alles in allem sollte es sich um 115 Millionen Quadratmeter Boden handeln. Wer diese Zahl mit den nach der Rückwende gängigen Preisen multiplizierte, kann ahnen, von welchen Summen die Aktionäre des Mordkonzerns träumten.

Der Berliner Senat hatte sich – getrieben vor allem von Finanznot – inzwischen um ein Gutachten bemüht, in dem die Ansprüche der IG Farben ungeachtet der juristischen Fristen für gegenstandslos erklärt worden waren.

Gorbatschow, der mehr als einmal mit der Behauptung zitiert worden war, er habe die Akzeptanz der sowjetischen Nachkriegs-Enteignungen nicht gefordert, stand zwar den I.G. Farben-Liquidatoren als Kronzeuge, nicht aber als »Macher« zur Verfügung. Da fand sich Günther Krause!

Journalisten, die sein Engagement anrüchig fanden, versicherte er, dass er eine Woche gezaudert, ehe er zugesagt habe. Doch dann habe er sich entschlossen, weil: »Es kann doch nicht sein, dass in allen deutschen Aufsichtsräten nur Westdeutsche sitzen.« Das klang wie Noske, der weiland erklärt hatte, dass einer es schließlich machen und den Bluthund geben müsse.

Die *Berliner Zeitung* nannte ein weiteres »Motiv«, dass er genannt haben solle: »Es ist doch lächerlich, so zu tun, als habe die IG Farben als einzige mit dem Krieg zu tun gehabt. Die ganze deutsche Wirtschaft hat sich schließlich von 1933 bis 1945 an der Kriegsproduktion beteiligt.«

Womit er nicht unrecht hatte.

Damit folgte er der Lesart, die die Advokaten in Nürnberg 1947 zur Verteidigung der Kriegsverbrecher Heinrich Hörlein und Heinrich Bütefisch vorgebracht hatten.

Aber legitimierte das auch Krauses Engagement für diesen Holocaustkonzern?

Offenkundig war die Rufschädigung selbst für Krause zu groß oder er wurde sich der Aussichtslosigkeit seines Unterfangens bewusst, weshalb er sich noch im gleichen Jahr aus dem Aufsichtsrat zurückzog. Gleichwohl sollte ihn dieser Komplex noch geraume Zeit verfolgen. Er gab 1999 eine Eidesstattliche Erklärung ab, die bekräftigen sollte, was Gorbatschow Jahre zuvor behauptet und worauf sich Krause bei seinem IG Farben-Fehltritt berufen hatte. Anlass war die Abweisung von Beschwerden vorm Bundesverfassungsgericht, mit der durch die Besatzungsmacht Enteignete die damalige Entscheidung revidieren wollten.

»In Kenntnis der Bedeutung einer Eidesstattlichen Versicherung, insbesondere deren strafrechtlicher Folgen erkläre ich hiermit an Eides statt:

Ich war im Jahre 1990 der von der DDR-Regierung beauftragte Verhandlungsführer für die Verhandlungen mit der Bundesrepublik Deutschland zur Herstellung der deutschen Einheit.

Von der Bundesregierung wurde im Verfahren vor dem Bundesverfassungsgericht, betreffend die Verfassungsmäßigkeit des sogenannten Restitutionsausschlusses (1 BvR 1170/90, 1 BvR 1174/90 und 1 BvR 1175/90), die Behauptung aufgestellt, die sowjetische Verhandlungsseite hätte im Rahmen der Verhandlungen über die deutsche Wiedervereinigung die Bedingung erhoben, dass die zwischen dem 8.5.1945 und dem 7.10.1949 stattgefundenen Enteignungen auf besatzungsrechtlicher oder besatzungshoheitlicher Grundlage nicht rückgängig gemacht werden dürften, es andernfalls keine Zustimmung der Sowjetunion zur Wiedervereinigung beider deutscher Staaten gegeben hätte.

Weitergehend wurde die Behauptung aufgestellt, dass dieses Verbot des Rückgängigmachens von der sowjetischen Seite so zu verstehen gewesen sei, dass damit auch die Rückführung einzelner Vermögenswerte an die ehemaligen privaten Eigentümer, die sich noch heute im Eigentum der öffentlichen Hand befinden, untersagt sei.

Aufgrund dieser Behauptung hat das Bundesverfassungsgericht die Verfassungsbeschwerden mehrerer ehemaliger privater Eigentümer abgewiesen.

Dazu erkläre ich: Von einer solchen Vorbedingung der sowjetischen Verhandlungsseite ist mir nichts bekannt.

In weiteren Verfassungsbeschwerdeverfahren (1 BvR 145/90, 1459/90 und 2031/94) gegen den ›Restitutionsausschluss‹ hat die Bundesregierung vor dem Bundesverfassungsgericht behauptet, die Unumkehrbarkeit der Enteignungen sei auch eine Forderung der DDR-Verhandlungsseite gewesen. Die Verhandlungen im Jahre 1990 hätten unter einem immensen Zeitdruck gestanden. In dieser Zeit eines zunehmenden Verfalls der DDR sei deren Schwäche zu einer verhandlungstaktischen Stärke geworden. Die DDR-Verhandlungsseite habe daher ihrerseits die Vereinbarung eines ›Restitutionsausschlusses‹ zur Bedingung für die Wiedervereinigung gemacht.

Dazu erkläre ich: Diese Behauptung der Bundesregierung zur Verhandlungsposition der DDR ist unrichtig. Wir als DDR-Unterhändler legten lediglich Wert darauf, dass das Heimatrecht der DDR-Bürger, zum Beispiel die Siedlerrechte, die aus der Bodenreform stammten, unangetastet blieben. Für diesen Schutz des Heimatrechts zu sorgen, waren wir nicht nur ermächtigt sondern verpflichtet.

Die Festschreibung der Ergebnisse der Industrie- und Gewerbeenteignungen sowie der Enteignungen des sonstigen Vermögens privater Eigentümer aus der Zeit der sowjetischen Besatzung war, soweit ich mich erinnere, überhaupt nicht Verhandlungsgegenstand; dieserhalb gab es auch keinen einheitlich abgestimmten Standpunkt der DDR. [...]

Börgerende, den 10. Januar 1999

Prof. Dr. Günter Krause«

Warum dieses Dokument im Schreibmaschinentext den Vornamen Günter ohne »h« führt, während die Originalunterschrift eindeutig »Günther« lautet, ist unklar. Vielleicht war's nur ein Tipp-Fehler, den Krause übersah.

Wie kläglich auch die Liaison Krauses mit der IG Farben scheiterte und auch deren Dauer änderten nichts an der Tatsache, dass er sie eingegangen ist. Nie mehr wird sich Günther Krause von dem Makel befreien können, sich dem von den Siegermächten des Zweiten Weltkriegs des Massenmordes überführten Konzern angedient und ihm gedient zu haben. Nie und nimmer wird er leugnen können, von den Aktionären des Mordunternehmens in ihren Aufsichtsrat gewählt worden zu sein. Ganz zu schweigen davon, dass er sich durch diesen Schritt auf die Seite derer begeben hatte, die die Ergebnisse des Zweiten Weltkriegs nachträglich zu korrigieren versuchen.

Es wurde danach stiller um Krause, aber wohl kaum, weil ihm der kapitale Fehler bewusst geworden war und er sich – vielleicht sogar schuldbewusst – in Scham und Demut zurückgezogen hätte. Und er schwieg auch nur für kurze Zeit.

Der Kollaborateur sorgte schon bald wieder für neue Schlagzeilen. Einmal mehr trieb ihn der Ehrgeiz und wohl auch der ihm noch immer voraus- und nacheilende Ruf, er habe »die Einheit« vollendet.

Rinderwahn
und Schweinepest

Die Hamburger *Zeit* vom 2. April 1998 wird in diesem Fall nur zitiert, weil sie niemals genötigt wurde, nach der Veröffentlichung eine »Gegendarstellung« zu veröffentlichen, weshalb ich den Text hier wiedergeben kann, ohne Krauses Attacke zu fürchten.

»Natürlich will keiner diesen Satz gesagt haben. Aber jeder kann sich vorstellen, dass er aus christdemokratischem Mund gefallen ist: ›An diesem Tag müssen Rinderwahn und Schweinepest auf einmal über die Rostocker CDU gekommen sein.‹ Es war der 17. Januar, und die Partei hatte gerade ihren Direktkandidaten für die Bundestagswahl gekürt. Seine Parteikollegen nennen ihn einen ›arroganten Schnösel‹, aber auch ein ›politisches Talent‹. Für seine Mitarbeiterinnen ist er ›der Professor‹, für seine Nochehefrau nur noch ›Krause‹.

Günther Krause, ›Besser-Ossi‹, ›Sause-Krause‹, der Mann mit den vielen Namen, Gesichtern und Affären, meldet sich zurück. Kometenhaft ist der heute 44-jährige einst aufgestiegen zum hochgeschätzten Unterhändler der DDR in Sachen Einigungsvertrag und später zum autovernarrten Bundesverkehrsminister. Unverfrorenheit und Größenwahn stürzten ihn.«

Diese Feststellung ist ein wenig oberflächlich. Zweifellos war da zuweilen auch ein Hauch »Unverfrorenheit« mit im Spiel, aber die kam erst auf, nachdem man ihm den Kollaborations-Füllhalter in die Hand gedrückt hatte. Was immer man der DDR nachsagen mag: In deren Auftrag hätte er nie mit Niederländern um die Autobahnraststätten gekungelt, wäre er nie mit Kohl in den Panzerlimousinen durchs Land gedüst, hätte er schon gar nicht die Entscheidungen der Besdatzungsmächte infrage gestellt.

Die seriöse *Zeit* gab sich fast boulevardblattmäßig: »Nun startet Krause in ein politisches Comeback, während – nicht zum ersten Mal – Gläubiger und Gerichtsvollzieher ihm an den Fersen hängen. Krause ist machtbewusst – und leidet an absturzträchtiger Selbstüberschätzung. Er ist eine irritierende Persönlichkeit. Und seit die Rostocker CDU-Basis ihn zu ihrem Direktkandidaten gekürt hat, gegen das Votum der Parteispitze, gehört der Wahlkreis 265 zu den spannendsten der Republik.

Rostock könnte über die Zukunft der PDS im Bundestag entscheiden, damit auch über die Frage, ob eine rotgrüne Koalition möglich wird. Wenn die PDS den Sprung über die Fünfprozenthürde nicht schafft, können mindestens drei Direktmandate den Wiedereinzug in den Bundestag retten. Zwei sind im Berliner Osten so gut wie gebunkert. Aus Rostock soll der dritte Abgeordnete kommen. 150.000 Mark pumpt die PDS in den Wahlkampf ihres Kandidaten, zehnmal mehr als die SPD.«

Der Kandidat der PDS, um den es – laut Hamburger Wochenzeitung – vor allem ging, ist der Veterinärprofessor Wolfgang Methling. Der im Hinblick auf Krause mit »Robin Hood des Ostens« überschriebene Artikel suggerierte, dass nur Krause die PDS am Einzug in den Bundestag hindern könne. Die diese Personal-Entscheidung getroffen hatten, setzten offensichtlich darauf, dass der Mann, der 17 Millionen DDR-Bürger durch einen Federstrich zu BRD-Bürgern gemacht hatte, in der entscheidenden Wahlschlacht gegen die Partei, deren Reste die DDR überlebt hatten und die noch immer für die in der DDR praktizierte soziale Ausgeglichenheit kämpfte, den Ausschlag geben könnte. Deshalb dieser Versuch eines Krause-Comebacks.

Sollte der PDS die Rückkehr in den Bundestag misslingen, könnten Chancen entstehen, ihr Schicksal zu besiegeln. Solange diese Partei gegen die hemmungslosen Profitträume der Milliardäre ins Feld zog und dabei Erinnerungen an eine Zeit wachrufen konnte, in der der Profit östlich der Elbe tabu war, blieb sie eine Gefahr. Und deshalb rief man nach der »Wunderwaffe« Günther Krause. Ein Mann, der in der DDR groß geworden war – vielleicht konnte er auf den Wahllisten dazu beitragen, sie endlich zu begraben.

»In der Rostocker Bürgerschaft stellt die PDS mit 33,2 Prozent die stärkste Fraktion, und bei der letzten Bundestagswahl lag Spitzenkandidat Wolfgang Methling denkbar knapp hinter der rührigen Konkurrentin von der SPD, Christine Lucyga. Auch dieses Mal sah wieder, alles nach einem Kopf-an-Kopf-Rennen zwischen den beiden alten Kontrahenten aus, nur ist dieses Mal ein Kopf mehr da – der von Bundesverkehrsminister a. D. Günther Krause.

Peter Geitmann, Betriebsrat von der Deutschen Seereederei, einem der Hauptarbeitgeber in Rostock, hört aus Gesprächen mit Kollegen und Freunden vor allem eines raus: ›Das Rennen wird zwischen Krause und der PDS entschieden.‹

Die Postsozialisten können in Rostock auf ihre Klientel setzen. In den Satelliten-Stadtteilen Lichtenhagen oder Lütten Klein sitzt die Stammwählerschaft ehemalige Funktionsträger, akademischer Mittelbau und abgewickelte Werftbeschäftigte, die Einheitsverlierer. Für sie hat die PDS den Spitzenkandidaten Wolfgang Methling gefunden. Er ist Professor für Agrarökologie an der Rostocker Uni und kann Brücken schlagen. Methling ist ein Bär von einem Mann«, meinte die *Zeit*. »Im Kollegenkreis an der Universität findet der redegewandte Akademiker große Achtung, zum Beispiel für Vorträge über ›Die Hochleistung von Milchkühen und die Tiergesundheit‹. Und den Wählern wärmt er das Herz, indem er öffentlich über sein Lieblingsthema räsoniert: ›Die soziale Kälte in der Bundesrepublik‹.« Die *Zeit* stellte allerdings im Hinblick auf Krause auch die nicht unbegründete

Frage: »Wie kommt es zur Wiederauferstehung eines Politikers, der rasant wie kein anderer gefallen ist? Der in der eigenen Partei mehr bekennende Feinde als Freunde hat? Dem kurz nach seiner Nominierung wieder ein Haftbefehl wegen Mietschulden drohte? Der mit seiner Bau- und Immobilienfirma am Rande des Offenbarungseides jongliert? Und dem seine Ehefrau im massenmedial gefühlten Scheidungskrieg vorwirft, das Vermögen ihrer Familie in den Sand gesetzt zu haben?«

Das Blatt lieferte auch gleich selbst die Antwort »Krause soll vor allem Wechselwähler locken, deren Zahl nirgendwo so groß ist wie im Osten. Auf dreißig bis vierzig Prozent schätzen Wahlforscher das Heer der Unentschlossenen. Und ein Krause ist zu intelligent und zu instinktsicher, um nicht zu wissen, wie sich darin fischen lässt.

›Der Lebenslauf der Ostdeutschen muss endlich mit der Anständigkeit betrachtet werden, die er verdient‹, schmeichelt er beim ersten öffentlichen Auftritt der Rostocker Spitzenkandidaten. Krause kämpft gegen die eigene Müdigkeit. Eigentlich, signalisiert seine Mimik, ist das hier weit unterhalb seiner Spielklasse. Aber dann ist er der Einzige auf dem Podium, der wirklich um Stimmen kämpft: ›Mehrwertsteuererhöhung ist ein Solidarbeitrag Ost für den Westen‹, ›Wenn die vierte Elbtunnelröhre für die Hamburger kostenlos ist, warum sollen die Rostocker für die Warnow-Querung eine Maut zahlen? Der Osten zahlt die Zeche für den Wohlstand des Westens!‹

Da nicken die graubondulierten Damen. Krause, urteilt ein politischer Wegbegleiter, ›kann Stimmungen erfassen, und er hat demagogische Talente‹.«

Sodann ließ die *Zeit* den ausschlaggebenden Satz folgen: »Vor allem ist er ›einer von uns‹.«

Das war das entscheidende Bekenntnis zum Kollaborateur an sich und zu diesem im besonderen. Die Zeitschrift schraubte auf den letzten Zeilen jedoch noch eine Sicherung ein: »Nur manchmal dämmert es den Christdemokraten an der Ostsee, dass sie mit ihrem Kandidaten einen Ritt über den Bodensee wagen. ›Keiner weiß, ob da nicht kurz vor der Wahl noch was kommt.‹ Ein Haftbefehl zum Beispiel oder ein Gerichtsvollzieher, der den Spitzenkandidaten zum Offenbarungseid abholt.«

Das ließ sich verhindern, aber der Ritt über den Bodensee endete dennoch im kühlen Nass, denn die Wähler entschieden 1998 gegen den Kollaborateur Krause: Die SPD-Kandidatin Lucyga kam auf 4.285 Stimmen mehr als Methling – und Krause erhielt 12.407 Stimmen weniger als Methling. Klares Votum gegen den Kollaborateur!

Zwei Jahre zuvor war er bei den Oberbürgermeisterwahlen in Rostock durchgefallen, nunmehr auch bei den Wahlen zum Bundestag.

Man fragt sich unwillkürlich: Hinterlässt ein derart abenteuerliches Leben nicht auch persönliche Narben?

Offenkundig nicht. Gleichwohl interessierte sich der Boulevard oft für »die menschliche Seite«.

Eines Tages packte seine Ehefrau in der *SUPERillu* aus, er schoss zurück, der Rosenkrieg war eröffnet. Affären seiner Frau sollen sich bis Bonn herumgesprochen haben, seine offensichtlich auch als IM tätigen Personenschützer hätten es ihm signalisiert. »Ich habe damals den größten Fehler meines Lebens gemacht: Als enge politische Freunde im Kabinett mich drängten, mich von dieser Frau scheiden zu lassen, habe ich das in den Wind geschlagen und damit am Ende meine politische Karriere ihrer Gier geopfert. Ihr zuliebe habe ich auch mein Bundestagsmandat aufgegeben.«

Eine völlig neue Variante und dazu noch ein interessantes Geständnis. »Genauso unrichtig ist es, wenn sie heute so tut, als würde sie von meinen Geschäften keine Ahnung gehabt haben. […] Dass ich jetzt gezwungen bin, große Umsätze zu machen, habe ich ihrer Verschwendungssucht zu verdanken. […] Auch unsere Wertpapiergeschäfte, die sie jetzt so unsolide findet, kannte sie. Sie hat den Treuhänder Windlin in Zürich mit ausgesucht. Im übrigen ist es nicht wahr, dass diese Papiere nichts wert sind. Nach einem behördlich attestierten Wertgutachten beträgt ihr Wert ca. 10 Mio DM. Dieses Geld hätte nach meinem Vertrag mit dem Treuhänder vor ca. dreieinhalb Monaten an mich ausgezahlt werden müssen. Ich bin dabei, es einzuklagen.«

Günther Krause hatte in der DDR promoviert und habilitiert, was — Zehntausende können das bezeugen — keine Bank der Bundesrepublik als Anlass genommen hätte, Millionenkredite zu gewähren. Dass er als Bundesminister wegen unseriöser Geldgeschäfte seinen Rücktritt erklären musste, dürfte seine Chancen für solche Anträge kaum erhöht haben. So steht also zu vermuten, dass andere ihm zur Seite standen, schützend die Hände über ihm hielten oder ganz einfach nur telefonierten.

Es war schon die Rede davon, dass er einiges unternahm, die geliehenen Millionen zu mehren und ihm dabei auch mancher Fehlgriff unterlief.

Am 29. September 1997 entging Krause, wie man las, seiner Verhaftung nur »um Haaresbreite«. Das Berliner Finanzamt für Körperschaften hatte den umgehenden Vollzug eines am 11. März 1997 vom Amtsgericht Charlottenburg erlassenen Haftbefehls gefordert. Das Finanzamt forderte 113.657,14 DM. Als Krause davon erfuhr, erschien er Stunden später vor Ort und zahlte ein. Es blieb noch ein Rest, den er nach dem Wochenende zu begleichen versprach und das auch tat. Woher er über Nacht diese Summe hatte, soll er niemandem mitgeteilt haben, was für Gerüchte sorgte.

Aber Krause wäre nicht Krause, hätte er nicht gegen das Finanzamt geschossen. »Wenn ich nicht Krause hieße, würde das alles anders laufen. Ich hatte immerhin schon einen Großteil meiner 280.000-Mark-Schuld bezahlt, wollte den Rest bis zum Jahresende abstottern. So war es auch mit dem Finanzamt verabredet.«

Der Feststellung ließ er die Drohung folgen. »Ich sehe nicht ein, einer Stadt zu Steuern zu verhelfen, deren Steuerbeamte sich einen Dreck um das Steuergeheimnis scheren.« Das klang allen Ernstes so, als wäre er in Berlin einer der finanzkräftigsten Steuerzahler.

Tatsächlich aber hatte er nicht nur an der Spree Ärger mit der Justiz wegen seiner Finanzen, sondern auch in seiner Heimat, und so kam es, dass er das erste Jahrzehnt des Jahrtausends faktisch vor Gerichten verbrachte. Dass die Richter ihm nicht öffentlich Kollaborations-Rabatt einräumten, lag auf der Hand, aber es verging kaum ein Verfahren, in dem nicht irgendwann seine Verdienste um die deutsche »Einheit« wohlwollend erwähnt wurden.

Am 17. September 1998 meldeten die Hauptstadtzeitungen: »Der frühere Bundesverkehrsminister Günther Krause (CDU) ist am Donnerstag in Berlin wegen Vorenthaltung von Sozialbeiträgen zu einer Geldstrafe von 10.800 Mark verurteilt worden. Krause hatte eingeräumt, als Geschäftsführer seiner Berliner Firma Aufbau-Investitionen von Mai 1996 bis März 1998 Sozialversicherungsbeiträge für sechs Angestellte in Höhe von rund 55.000 Mark aus Finanznot nicht pünktlich abgeführt zu haben.«

Meine Hypothese von obwaltenden mildernden Umständen bekräftigte zumindest die *Berliner Zeitung* mit der Formulierung: »Strafmildernd wertete das Amtsgericht Berlin-Tiergarten, dass der frühere Bundesverkehrsminister und DDR-Verhandlungsführer beim Einigungsvertrag die Rückstände inzwischen beglichen habe.«

Stutzig machten allerdings die folgende Sätze: »Am Tag vor der Verhandlung hatte Krause alle ausstehenden Gelder an die Krankenkasse überwiesen. ›Da hat er offenbar zum Geburtstag eine größere Geldsumme bekommen‹, sagte Richter Walter Haslinger. Krause wurde am letzten Sonntag 45 Jahre alt. Ursprünglich hatte das Gericht gegen Krause einen Strafbefehl in Höhe von 30.000 Mark erlassen. Dieser legte gegen die Höhe der Strafe Widerspruch ein und musste am Ende nur 90 Tagessätzen zu je 120 Mark zahlen.«

Diese Entscheidung des Gerichts war für die schon erwähnte Bewerbung um ein Bundestagsmandat von Belang, denn als »Vorbestrafter« hätte er gar nicht kandidieren dürfen: Wenn das Strafmaß mehr als 90 Tagessätze beträgt, gilt man als vorbestraft.

Am 23. Dezember 2002 sprach das Landgericht Rostock das nächste Urteil. »Wegen millionenfacher Untreue, Betruges und versuchter Steuerhinterziehung« wurde Krause zu einer Haftstrafe von drei Jahren und neun Monaten verurteilt. Acht Monate lang hatte das Gericht verhandelt und danach als erwiesen angesehen, dass Krause als Geschäftsführer der gescheiterten Firma Aufbau-Invest GmbH mehrfach straffällig geworden war. Die Staatsanwaltschaft hatte vier Jahre und zehn Monaten beantragt, während die Verteidigung auf Freispruch plädierte.

Das Gericht legte Krause zur Last, dass er über die Köpfe der anderen Gesellschafter der Firma einen Verlust von rund sechs Millionen Euro auf dem grauen Kapitalmarkt zugefügt habe. Zu den über- und hintergangenen Gesellschaftern gehörte auch Exfrau Heidrun, nunmehr Hagedorn.

Darüber sah der Richter es als erwiesen an, dass der Angeklagte zwischen 1993 und 1995 dem Finanzamt Einkünfte in Höhe von rund 360.000 Euro verschwiegen hatte.

Und schließlich wurde ihm nachgewiesen, dass Krause bei seiner Bundestagskandidatur 1998 falsche Bürgschaftserklärungen hinsichtlich seiner Schulden vorgelegt hatte, um fällige Vollstreckungsmaßnahmen zu verhindern.

Die Karriere des Unterschreibers der deutschen Einheit schien damit endgültig am Ende zu sein.

Aber dann schaltete sich nach dem Revisionsantrag die letzte Instanz ein, der Bundesgerichtshof. Und der hob das in Rostock gefällte Urteil auf – in allen Punkten!

Und Krause verkündete den Journalisten mit stolz geblähter Brust: »Mit dieser Entscheidung hat sich mein Glaube an den Rechtsstaat bestätigt.«

Sein Anwalt ging noch einen Schritt weiter: Die Klarheit, mit der der Bundesgerichtshof entschieden habe, lasse Zweifel daran aufkommen, ob der Prozess vor dem Landgericht Rostock in Gänze fair geführt worden sei.

Eine gewagte und absichtsvolle Behauptung, denn das Rostocker Urteil war im Dezember 2002 gefällt worden, die Entscheidung des BGH erfolgte erst zwanzig Monate später, und da waren einige der ihm zur Last gelegten Straftaten bereits verjährt.

Als sich das Rostocker Gericht 2007, der Weisung des Bundesgerichtshofes folgend, erneut mit den Krause-Manipulationen befasste, waren folglich etliche Anklagepunkte von damals nicht mehr opportun. Zudem munkelte man in Fachkreisen, dem Gericht sei eine »Grenze« empfohlen worden. Die war unübersehbar, denn die ursprünglichen drei Jahre und neun Monate Haft wurden im neuen Urteil auf 14 Monate – also um zwei Drittel – reduziert und zur Bewährung ausgesetzt. Dass die Staatsanwaltschaft zwei Monate mehr beantragte und die Bewährung nicht akzeptieren wollte, wurde vom Gericht ignoriert.

Angeblich wollte Krause auch gegen dieses Urteil vor dem BGH in Revision gehen, aber davon war später nicht mehr die Rede. Möglicherweise hatte jemand zu bedenken gegeben, dass sein Justizkredit erschöpft sein könnte.

Wie auch immer: Der Kollaborateur gilt nach Recht und Gesetz nun als vorbestraft.

Wer indes glaubte, dass ihn dies von neuen kühnen Taten hätte abhalten können, irrte.

Preußenakademiker

Niemand solle annehmen, dass er etwa einen Zeitungskiosk eröffnen oder einen Gebrauchtwagenhandel gründen werde, hieß es. Das Stehaufmännchen Krause wechselte nunmehr ins akademische Fach. »Unter Leitung ihres Gründungsrektors, Prof. Günther Krause, konstituierte sich am 18. September 2007 in Wittenberge die Studienkommission der privaten Fachhochschule ›Preußische Akademie für Zukunftsentwicklung‹ (i. Gr.)«, meldete ein Berufliche Bildungszentrum der Prignitzer Wirtschaft e. V. (BBZ). »Prof. Krause ist Hochschuldozent an der Universität Rostock und selbstständiger Unternehmensberater und engagiert sich seit Jahren auf dem Gebiet der erneuerbaren Energien. Er sei von der Idee, eine Fachhochschule zu gründen, begeistert, weil sie zur richtigen Zeit am richtigen Ort entstehe. Neuesten Studien zufolge fehlen künftig einhunderttausend junge Ingenieure. In der ›Preußischen Akademie für Zukunftsentwicklung‹ werden Fachkräfte in nur dreijähriger Studienzeit praxisnah ausgebildet und erhalten dafür einen Bachelor-Abschluss.«

»Unsere Akademie verbindet preußische Traditionen bei der Entwicklung der Wissenschaften mit den heutigen Anforderungen an zukünftiges Denken und Handeln«, kündigte im September 2007 das BBZ in seiner Publikation *Pinnwand* an.

Da regte sich rundum beträchtliches Staunen. Eine »Preußische Akademie«? Bislang existierten deren zwei: Die Akademie der Künste, 1694 gegründet, zählte Karl Friedrich Schinkel, Andreas Schlüter, Ernst Barlach, Käthe Kollwitz, Max Liebermann und andere zu ihren Mitgliedern, 1700 hob Gottfried Wilhelm Leibniz die Preußische Akademie der Wissenschaften aus der Taufe.

Und nun also eine dritte? Gegründet von Günther Krause! Feierte Hochstapelei wieder einmal einen Triumph? Selbst im brandenburgischen Landtag schien diese Idee des Professors derlei Assoziationen ausgelöst zu haben. Am 17. Dezember 2008 reichte die Abgeordnete Klara Geywitz (SPD) die Kleine Anfrage 2689 ein und erbat Auskunft, ob es sich bei dieser »Preußischen Akademie« um eine staatlich anerkannte Fachhochschule handele.

Die Antwort kam mit vier Buchstaben aus: »Nein«.

Auch die Frage nach der Zahl der Studenten konnte nicht beantwortet werden. Man wisse nur, dass der Studienbetrieb 2009 aufgenommen werden solle.

Ende Juli 2008 trafen sich in der märkischen Ortschaft Karstädt die Bürgermeister von Perleberg, Wittenberge und der stellvertretende Bürgermeister der Gastgeberstadt und überreichten einem Vertreter der Akademie einen Scheck in Höhe von 8.000 Euro. Das klang verheißungsvoll, aber seitdem hörte man kaum mehr etwas von der jüngsten Preußischen Akademie. Eine Potsdamer Zeitung hatte offensichtlich den inzwischen zum Insolvenzverwalter bestellten Sebastian Laboga befragt, und der wusste wenig Positives über das BBZ, unter dessen Dach die Akademie ihre Zelte hatte aufschlagen wollen, zu berichten. »Wie es allerdings – wenn überhaupt – mit der Preußischen Akademie für Zukunftsentwicklung weiter geht, ließ der Insolvenzverwalter offen. ›Im Rahmen des Insolvenzverfahrens spielt die Akademie nur eine untergeordnete Rolle‹ hieß es aus dem Kölner Büro, das mit der Öffentlichkeitsarbeit betraut ist.«

Danach gab es keine weiteren Mitteilungen für die Öffentlichkeit. Im Internet präsentiert sich das BBZ mit einer Homepage (*http://www.bbzev.de/studium_fh.html*), dort findet sich auch der Link zu *www.preussische-akademie-zukunft.de*. Doch wenn man diese Adresse anklickt, heißt es, dass der Server nicht gefunden wird, will heißen: Die Seite gibt es nicht.

Dass Günther Krause inzwischen in Kirchmöser begonnen haben will, Müll in Erdöl zu verwandeln, erwähnte ich eingangs. Nicht grundlos höhnte der *Spiegel*, dass dies bisher nur Rumpelstilzchen gelungen sei.

Der märkische *Tagesspiegel*-Korrespondent Thorsten Metzner schwärmte jedoch am 3. Juli 2008: »Er war einer der schillerndsten Politiker des Ostens. Er handelte den Einigungsvertrag mit aus und galt als Günstling von Helmut Kohl«, um zugleich die Leser zu warnen: »Und jetzt entdeckt Günther Krause, 54 Jahre alt, CDU-Bundesverkehrsminister a. D., das Land Brandenburg für private Geschäfte. Nicht jedem ist das geheuer.

Wichtigster Schauplatz dabei ist Kirchmöser, ein auf einer idyllischen Halbinsel gelegener Ortsteil der Stadt Brandenburg, der sich zu einem der prosperierendsten Gewerbestandorte im Land entwickelt – Spezialprofil: Bahnindustrie und was dazugehört. [...]

Heute besucht Wirtschaftsminister Ulrich Junghanns (CDU) den Standort. Die Villa in der Brandenburger Allee, in der sich Günther Krause mit seiner Firma IBP eingemietet hat, steht dabei aber nicht auf dem Programm. Dabei läge das so fern nicht. Mit der IBP will Krause unter anderem versuchen, aus Biomasse industriell Öl herzustellen. Aber Krause ist außerdem Präsident des von ihm gegründeten ›Bahn-Netzwerkes Brandenburg‹. Der Verein, der 22 Mitglieder hat, darunter zwölf Firmen, will in der Villa im August ein ›Internationales Begegnungszentrum‹ eröffnen. Ziel sei es, dass die ansässigen Firmen kooperieren, um Märkte insbesondere in Osteuropa zu erschließen, sagt Krause.«

Der »Gründungsrektor« der »Preußischen Akademie« war noch nicht begraben, als Krause im Kostüm eines »Netzwerk-Präsidenten« bereits auf der nächsten Bühne erschien.

Der *Tagesspiegel* vorsichtig: »Er kenne viele Unternehmen, habe gute Kontakte. Er sei ›Unternehmensberater‹

und wolle ›Lobby-Arbeit‹ machen. Manche aber blicken skeptisch auf diese Projekte.

›Herr Krause hat keine gute Vorgeschichte. Das ist nicht unbedingt ein Aushängeschild, um Kirchmöser zu fördern‹, sagt etwa Ralf Holzschuher, der örtliche SPD-Landtagsabgeordnete. Vorbehalte gibt es auch deshalb, weil Krause im Oktober 2007 wegen Betrugs und Insolvenzverschleppung vom Landgericht Rostock zu einem Jahr und zwei Monaten auf Bewährung verurteilt worden war. ›Es gibt kein rechtskräftiges Urteil gegen mich‹, sagt Krause dazu. Er habe Revision gegen das Urteil eingelegt.

Bei der städtischen Projektentwicklungsgesellschaft (PEK) für Kirchmöser hat man keine Probleme mit Krauses Vita. ›Er ist ein Investor wie jeder andere‹, sagt PEK-Geschäftsführer Hans-Joachim Freund. ›Er bringt Firmen an, die wir brauchen. Er hat Kontakte zu namhaften Unternehmen im Bahnsektor.‹ Im Wirtschaftsministerium und in der Zukunftsagentur Brandenburg ist man schon zurückhaltender und will erst mal reale Ergebnisse von Krauses Plänen abwarten.«

Das Öl aus den Müllhalden fließt noch nicht, aber niemand soll deswegen glauben, irgendwann würde Günther Krause irgendwo das Handtuch werfen. So lässt er bei manchem zuweilen sogar Assoziationen zur DDR entstehen: Tausendmal totgesagt, aber immer wieder in aller Munde!

Man liest die Liste der Abenteuer, die er hinter sich brachte, wundert sich höchstens, dass er immer wieder neue Karriere-Schlupflöcher fand und fragt sich ein ums andere Mal: Wie war es dazu gekommen, dass ausgerechnet dieser Typ jene über das Schicksal so vieler Menschen entscheidende Unterschrift leistete?

So emsig man auch suchen mag – eine schlüssige, überzeugende Antwort wird man nie bekommen. Er selbst hat es sich abgewöhnt, diese Unterschrift mit der Euphorie zu feiern, die andere seit 1990 zu verbreiten trachten. Irgendwann hat er einem Interviewer geantwortet: »Man kann es bei einem Systemwechsel nicht jedem Recht machen. Helmut Kohl hat aus meiner Sicht nur einen Fehler gemacht: Nicht, dass er von ›blühenden Landschaften‹ sprach, die haben wir ja bekommen. Aber der Satz, keinem werde es schlechter, jedem werde es besser gehen, war falsch!«

Was mich zu dem Gedanken trieb: Muss ich das Buch noch einmal, nunmehr anders schreiben? Denn: Wenn Krause gewusst hatte – es würde sogar reichen, wenn er es ahnte –, dass es vielen *nach* seiner Unterschrift schlechter gehen würde, geriet die Unterschrift doch noch in die Nähe einer Straftat. Damit niemand aufschreckt: einer mit Sicherheit verjährten! Immerhin aber: Das würde den »Fall Krause« noch einmal akut werden lassen. Neue Zeugen müssten geladen werden.

Es ginge darum, ob Krause damals vorsätzlich gehandelt hatte oder von seinen Partnern getäuscht worden war. Immer wieder taucht dabei auch die Frage auf: Warum kam niemand auf die Idee, ihm, wie all den anderen, einen sicheren »Ruheposten« mit ordentlichem Salär zu gewähren? Man hätte sich all den nachfolgenden Ärger erspart. Ich hielt noch einmal nach Zeugen Ausschau und stieß auf Frank Schumann.

Der erinnerte sich:

Es war an jenem denkwürdigen 1. Juli 1990, als die D-Mark in der DDR offizielles Zahlungsmittel wurde. Ich moderierte seit einiger Zeit im Jugendfernsehen der DDR eine Art Talkshow, die sich in Adlershof dadurch von anderen Sendungen und hiesiger Praxis unterschied, weil sie live über den Sender ging. Gast war diesmal Staatssekretär Günther Krause, weshalb man entschied, aus dem Studio hinüber ins Kulturhaus des Wachregiments »Feliks Dzierzynski« zu ziehen, das jenseits der Straße lag. Da passten mehr Zuschauer hinein, womit ein dem Ereignis – Krause und die D-Mark – angemessener Rahmen gegeben sein würde.

Der Herr Staatssekretär fiel kurz vor Sendebeginn ein. Wohl ein halbes Dutzend Personenschützer eskortierte ihn. Sender und Empfänger, welche sie offenbar bei sich trugen, verursachten beim Betreten des Raumes sofort ohrenbetäubendes Lautsprecher-Pfeifen. Das wäre die Rückkopplung, sagten die Techniker und schlugen vor, dass die Bodyguards den Saal verließen oder ihre Technik ausschalteten. Das eine wollte der offenbar extrem gefährdete Staatssekretär nicht (wovor fürchtete er sich?), das andere wollten nicht die kräftigen Jungs, die, wenn mich nicht alles täuschte, einst beim MfS ihre breiten Schultern erworben hatten. Der Kompromiss sah so aus, dass die eine Hälfte mit Knopf im Ohr vor der Tür wachte und die andere knopflos in Krauses Nähe in Stellung ging. (Später sagte man mir, dass die Zahl der bewaffneten Begleiter nicht unbedingt Ausdruck der Gefährdung eines Politikers, sondern Indiz für dessen Eitelkeit sei: je mehr Aufpasser, desto bedeutender und wichtiger gelte er.)

Auf dem Weg zu seinem Stuhl wurde der drahtige Krause von der Maskenbildnerin gepudert. Der Quast hinderte ihn nicht in seinem Lauf, er ging federnd und leichtfüßig, wie ich es jetzt wieder bei dem adligen Verteidigungsminister beobachtete, womit angezeigt wird, man sei gleichsam auf dem Sprung, zu dem jederzeit angesetzte werden könnte.

Die meisten Gesprächspartner, die ich bis dahin vor den Kameras hatte, wirkten angespannt und unsicher, was sie mehr oder minder zu überspielen suchten. Das war nicht verwunderlich: Derlei Übung bedeutete, bei zwei TV-Kanälen im Land, für fast alle eine Ausnahmesituation. Scheinwerfer und Publikum und Regieanweisungen aus dem Dunkel und die gespannte Erwartung bis zur Zuschaltung und das ganze Trara ringsum erhöhten bei den meisten merklich die Nervosität.

Nicht so bei Krause. Der nahm lässig und cool auf seinem Sessel Platz, grinste mich an, aber schaute durch mich hindurch, und sagte kein Wort. Er wollte sichtlich keine Verständigung vorab. Vielleicht war es auch unter seiner Würde, sich außerhalb der Sendung mit mir zu unterhalten. Wer war ich denn? Etwa so alt wie er. Aber er war Staatssekretär und ich einer dieser namenlosen Heloten, die ihm den Teppich auszurollen hatten. Mit seinem Ministerkollegen Diestel hatte ich mich wenigstens noch darüber austauschen können, wie wir Mitte der 70er Jahre als KMU-Studenten, er bei den Juristen, ich bei den Journalisten, in der Nähe des Connewitzer Kreuzes Fußball gespielt hatten. »Eh, Schumann, warst du das nicht, dem ich damals das Schlüsselbein gebrochen hatte?« – »Nee, Diestel, das war gottlob ein anderer. Aber ich sehe, du holzt noch immer.« – »Achtung, Aufnahme!« kam es aus dem Off.

Krause war sichtlich aus anderem Holze. Wir hatten keine gemeinsame Erinnerung, uns verband nichts. Die Chemie stimmte einfach nicht. Er nahm sich erkennbar wichtig und vermittelte den Eindruck, als trüge er ganz Deutschland auf seinen schmalen Schultern. Entsprechend waren auch seine Auskünfte. Sie hatten schon merkliche Anflüge dieses glibbrigen Politgesülzes, wie es uns heute nur noch um die Ohren glitscht. Ich kann mich nicht die Spur daran erinnern, worüber und wie lange wir geschwafelt haben. Nur an den Schluss erinnere ich mich genau. Krause hatte unlängst in einem Interview erklärt, dass er allein schon deshalb für die deutsche Einheit sei, um seinen Kindern jeden Tag Ananas bieten zu können. Ich hatte mir eine Büchse Ananas besorgt und diese vor der Sendung unter dem Würfel versteckt, den man als Dekoration vor uns hingestellt hatte. Vermutlich sei er heute noch nicht dazu gekommen, sein Westgeld abzuholen, begann ich meine Schlussmoderation, was ihn gewiss auch daran gehindert habe, im Konsum die seinen Kindern versprochene Ananas zu besorgen. Dann langte ich unter den Würfel, holte die Büchse hervor und drückte sie dem sichtlich Perplexen in die Hand.

Es war meine letzte Sendung in Adlershof.

Ich müsse das verstehen, hieß es. Ich sei für den nicht nur eine rote Socke, sondern der ganze Sender ein rotes Tuch.

Hat er das so gesagt?

Nein, das nicht, nicht so direkt. Aber sein Anruf nach der Sendung war nicht eben freundlich und durchaus so zu verstehen.

Spätestens seit diesem Tag gehörte Krause zu jenen, die ich lieber auf dem Mond als im Fernsehen sah. Ich nahm ihm nicht krumm, dass er sich über mich beschwert hatte und mir damit die Grenzen der Unabhängigkeit der Medien in der »neuen Zeit« aufgezeigt hatte. Meine fakultative Fernsehverrichtung war ohnehin endlich, der Sendeschluss in Adlershof absehbar. Mich erregte sein mit Herablassung gepaartes Imponiergehabe, diese nonverbale Kraftmeierei. Vergleichbares hatte ich auch bei anderen schon beobachtet, die unter den aktuell herrschenden Umständen aus der Bedeutungslosigkeit nach oben auf die Bühne gespült worden waren und dort nun im Fokus der Öffentlichkeit herumhampelten, als müsse alles nach ihrer Pfeife tanzen.

Da war dieser Konrad W., der nun, wenn er denn nicht in der Volkskammer saß, regelmäßig um meinen Redaktionsschreibtisch scharwenzelte, um ins Blatt zu kommen. Im Foyer des Berliner Verlagshauses, in dessen 9. Etage ich ein Zimmer in der Chefredaktion besetzte, musste sich jeder Besucher ausweisen. Er bekam ein Zettelchen ausgeschrieben, dass dann von der Sekretärin abgestempelt wurde zum Beweis, dass der Gast auch wirklich dort gewesen war, wohin er zu fahren oder gehen vorgab. Das Papier musste der Besucher beim Verlassen des Hauses unten wieder abgeben. Mehr nicht.

Das handschriftliche Ausfertigen des Scheins dauerte dem schwer beschäftigten Volksvertreter zuviel Zeit, weshalb er zunächst den Pförtner und dann mich beschimpfte und schließlich eine Art Freifahrtschein forderte, mit dem er – sofort und unverzüglich – unkontrolliert zu mir vordringen könne. Die Stasimethoden seien ein für alle Male vorbei, sagte er.

Ich verweigerte ihm das Papier. Wollte ich was von ihm oder er etwas von mir? Er beurteilte unser beider Verhältnis völlig realitätsfern. Wie wohl alles um sich herum.

Oder jener Pfarrer aus der Samaritergemeinde, der mir, als ich ihn zum erste Mal in seiner Dienstwohnung unweit der Kirche besuchte, um den Hals fiel mit der Drohung, was ich damals für ein Versprechen hielt: »Wir Linken müssen jetzt zusammenhalten.« (Das Interview ist im Archiv der *Jungen Welt* nachzulesen.)

Es offenbarten sich die meisten Emporkömmlinge mehr oder minder als Parvenüs. Jene, an deren Stelle sie glaubten gerückt zu sein, nach denen sie traten und sie wegen Privilegien, Vorteilsnahme und Korruption in die Wüste und manche sogar in den Knast schickten, sie übertrafen die Geschmähten schon binnen kurzer Zeit. Sie wähnten sich ausgestattet mit dem Mandat der bislang Unterdrückten und Eingesperrten, doch die meisten handelten nur im eigenen Auftrag und schauten nur auf ihren eigenen Nabel.

Da war die Parlamentspräsidentin, die sich von der Regierungsfliegerstaffel wie selbstverständlich nach Paris zum Shoppen bringen und Termine bei Staatsoberhäuptern sausen ließ, nur weil sie noch nicht das passende Gewand gefunden hatte. (Hatte sich etwa Margot Honecker in fast dreißig Ministerjahren auch nur einmal mit einer TU 154 in irgendeine westliche Metropole zum Einkaufen oder Haarefärben fliegen lassen?) Oder dieser Außenminister, vormals Pfarrer, der sich an der italienischen Küste meinte einen Kindheitstraum erfüllen zu müssen, indem er nackt ins Mittelmeer sprang, was zu internationalen Verwicklungen führte, weil dies in einem katholischen Land bei Strafe nunmal verboten ist. Und da war jener aufgeblasene Zwerg, der bei einer Wahlkundgebung vor dem Erfurter Dom mit Kohl im Rücken in die Menge und in die Mikrofone krähte: »Hier steht Ihr nächster Ministerpräsident!«

Ach, was waren das alles für armselige Wichte, die im Schoße der neuen Macht sich aufplusterten wie Spatzen im Sandbad.

Doch Krause war von allen der Beste. Er war der Pfau unter den Perlhühnern und Kuckucks.

Nach der Lektüre von Klaus Huhns Manuskript fand ich meinen Eindruck von damals bestätigt. Natürlich hatte ich peripher von Krauses Eskapaden Kenntnis genommen, doch so wichtig war er mir nun nicht, dass ich mir die Nachrichten auf den hinteren Seiten der Zeitungen merkte, auf denen über die Gestrandeten und Gestrauchelten geklatscht wird. Was, wie ich meine, vielleicht ein Fehler war. Wir sollten uns viel mehr für jene Gestalten interessieren, die seinerzeit emporgespült wurden und sich anmaßten, das Lebenswerk von Millionen Menschen zu verscherbeln und zu vernichten.

Es macht den von ihnen hinterlassenen Scherbenhaufen nicht kleiner, wenn man sich ihrer Untaten erinnert, es macht die Niedertracht nicht ungeschehen, die Ungerechtigkeit nicht geringer, die sie in diese Welt brachten. Aber es trainiert vielleicht unsere Menschenkenntnis und unser Gespür, wenn wir die Frage beantworten, wem Verantwortung übertragen werden soll und wem besser nicht, wenn wir mal wieder wählen müssen oder wollen.

Was mich am stärksten an Huhns Pamphlet berührte war jener Verweis auf Krauses Verbindung zur IG Farben. Natürlich sollte man die Entrüstung darüber dosieren. Dieses Unternehmen, dem Krause sich 1994 andiente, um dem wegen Kriegsverbrechen verurteilten und von der sowjetischen Besatzungsmacht enteigneten Konzern die im Osten verlorenen Pfründe zurückzuholen, war nicht mehr der Zyklon-B-Produzent von einst. Auch die DDR machte mit den Chemiefirmen, die im Westen aus dem Massenmord-Unternehmen hervorgegangen waren, gute Geschäfte. Krauses Perfidie bestand darin, dass er helfen wollte, jene Strafe ungeschehen zu machen, die dem Profiteur des Holocaust von der Antihitlerkoalition auferlegt worden war. Das war so, als würde ein Mörder freigesprochen werden, weil der Richter befand, dass der Tote sowieso irgendwann von allein gestorben wäre.

Krause machte sich mit einem Verbrechersyndikat gemein. Damit hatte er den Rubikon überschritten, was eine Tatsache bleibt, auch wenn er nach kurzer Zeit im Wort- wie im übertragenen Sinne zurücktrat. »Es ist peinlich und unverständlich, dass sich einer, der schon bei seiner Verhandlung mit Schäuble Ausverkauf betrieben hat, sich nun von einem Kriegsverbrecherkonzern anheuern lässt. Krause soll als Vorstand der IG Farben eine der wenigen Regeln des Einigungsvertrages, bei der sich die de-Mazière- Regierung durchsetzen konnte, kippen: die Unantastbarkeit der Enteignung zwischen 1945 und 49. Krauses neuer Beruf ist es, Ostdeutschen etwas wegzunehmen«, zitierte die *Berliner Zeitung* am 3. September 1994 Wolfgang Thierse, zu jener Zeit SPD-Vize. Und da ist ihm, was selten genug der Fall ist, einmal nicht zu widersprechen.

Das Wesen der Gesellschaft, in der wir leben, ist kriminell. Sie fußt auf der privaten Besitznahme von Arbeit anderer. Da muss man sich nicht wundern, wenn der Einzelne sich nicht nur wie ein Krimineller verhält, sondern auch auf Regeln des Anstands und auf Gesetze pfeift. Krause, obgleich doch ein Produkt der DDR, ist durchaus symptomatisch für diese andere Gesellschaft. Was einmal zeigt, wie Recht Marx mit dem Hinweis hatte, dass der Mensch ein Ensemble der gesellschaftlichen Verhältnisse sei. Denn der Mensch ist immer gut und schlecht zugleich. Wenn also die Verhältnisse »menschlich« gestaltet werden müssen, damit der Mensch hilfreich, edel und gut sein kann, dann offenbart dies nicht nur die begrenzte Wirkung einer Selbstläuterung und -kontrolle, sondern führt nachdrücklich vor Augen, dass Rahmenbedingungen gesetzt werden müssen, die einzuhalten jeder gezwungen ist. Nicht durch die Justiz, nicht durch Repressionsorgane, nicht durch Gehirnwäsche.

Sondern einzig und allein durch die bewusste Ausgestaltung vernünftiger gesellschaftlicher Verhältnisse, die frei sind von den Zwängen einer kapitalistischen Produktionsweise, die eine andere Moral zum Maßstab haben als die gegenwärtige. Unter solchen Bedingungen hätten Typen wie Krause nie die Gelegenheit, ihre Obsessionen als Selbstdarsteller, Abenteurer und Hasardeure auf Kosten anderer ausleben zu können. Sie würden auf ihre irdische Größe zurückgestutzt und ihre tatsächlichen Talente zeigen können, von denen alle etwas hätten. Vielleicht besaß Krause wirklich das Zeug zu einem ordentlichen Kirchenmusiker, und die Leute würden heute ins Doberaner Kloster pilgern, ihn zu hören, hätte er seinerzeit diesem Drang nachgegeben. Oder er hätte als Informatiker Meriten erworben? Wer weiß. So aber wurde er Opfer seiner eigenen Maßlosigkeit, weil man ihn eine Zeitlang brauchte. Nein, kein armer Mohr, dem man den Stuhl vor die Tür setzte, nachdem er seine Schuldigkeit getan hatte. Er hätte Merkel werden können. Aber dem Kleinbürger fehlten auch die Geduld und die Ausdauer und damit die Souveränität. Wie damals am 1. Juli 1990, als er ins MfS-Kulturhaus in Berlin-Adlershof einmarschierte.

»Ob Herr Krause auftritt oder in Kuba ein Zuckersack platzt, hat für mich die gleiche Qualität«, meinte Hugo Holzinger, der Leiter des Amtes zur Regelung offener Vermögensfragen in der *Berliner Zeitung* vom 3. September 1994. Für ihn vielleicht. Für unsereinen, dem auch Kuba am Herzen liegt, nicht. Und deshalb sollten wir den Typus Krause immer im Auge behalten. Solche Leute können unter bestimmten Umständen gefährlich werden.

Soweit Schumanns Erinnerung.

Als ich vor fast zwei Jahrzehnten das erste Buch über Krause schrieb, grübelte ich endlos über ein passendes Zitat für das Ende. Ich fand keins. Irgendwie war er tatsächlich eine Ausnahmeerscheinung.

Dann traf ich den – durch die Krause-Unterschrift – als Präsident des PEN-Zentrums der DDR vertriebenen Heinz Kamnitzer. Der grübelte auch eine Weile und schrieb mir dann. »Ich radebreche in Reimen. Dichten kann ich nicht. Nicht zuletzt entspreche ich damit einem Zustand, in dem wir holpern und stolpern – wohin auch immer.«

KRAUSE

Sein Pate
Wollte ihn
Zum Erben machen
Doch das
Mündel
Hat sich
Zu oft selbst
Das Bein gestellt
Bis
Er fällt

Der Bube
Verstieß gegen
Das Elfte Gebot
›Du sollst dich
Nicht
Erwischen
lassen‹
Da musste
Sogar
Sein Ziehvater
Passen

Er hat
Die Republik
Verscherbelt
Für
Ein
Linsengericht
Das wir auszulöffeln
Haben

Doch
Macht euch
Keine Sorgen
Um den Knaben
Mit seinen
Großen Gaben
Der hat sich
Eine Bank gekauft
Und stieg ein
Bei I. G. Farben

Aus den Tagen
Als Minister
Auf seinem
Posten
Kennt er alle
Im wilden Osten
Die
Für ein Spottgeld
Unser Land
Erwarben
Und was sie sonst
Auf ihrem Kerbholz haben

Als Idol
Der
Ersten Stunde

In
Der Tafelrunde
Zu Bonn am
Rhein
Fädelte er
Den Anschluss
Ein
Für uns ist er
Heute
Das Symbol
Der großen
Pleite
Für sich selbst
Ein Ehrenmann
Dem die Einheit
Wohlgetan

ISBN 978-3-360-02038-3

© 2011 spotless im Verlag Das Neue Berlin, Berlin
Umschlaggestaltung/Satz: edition ost
Cover-Foto: Archiv edition ost © Daniel Biskup

Druck und Bindung: CPI Moravia Books GmbH

Ein Verlagsverzeichnis schicken wir Ihnen gern:
Das Neue Berlin Verlagsgesellschaft mbH
Neue Grünstr. 18, 10179 Berlin
Fax 01805/35 35 42
Tel. 01805/30 99 99 (0,14 Euro/Min., Mobil max. 0,42 Euro/Min.)

Die Bücher von spotless werden von der
Eulenspiegel Verlagsgruppe vertrieben.

www.edition-ost.de

Das Buch

Ein Eroberer braucht Helfer. Verräter, die ihm das Tor öffnen, Kollaborateure, die mit ihm zusammenarbeiten, um sich Land und Leute untertan zu machen. Es gab sie zu allen Zeiten und unter verschiedenen Verhältnissen, selbst der spanische Maler Goya (1746-1828) wurde anderthalb Jahrhunderte nach seinem Tode als heimlicher Franzosenfreund und »Kollaborateur« bezeichnet. Dabei hatte er, Chronist Napoleonischer Kriegsgräuel, nur ein einziges Bild von Napoleons Bruder gemalt, was in Spanien als patriotisch anrüchig galt, weshalb das Bild übermalt wurde. Der »Held« im vorliegenden Buch besitzt Goyas Format nicht im Entferntesten, und deshalb wird ihn in 50 Jahren auch niemand mehr kennen. Doch wir, die mit den Folgen seiner Kollaboration leben und Generationen unter dieser leiden müssen, sollten uns den feinen Herrn einmal näher betrachten. Klaus Huhn hat dies für uns getan.

Der Autor

Klaus Huhn, Jahrgang 1928, Berliner, seit 1945 publizistisch tätig. Er gehörte zur Gründergeneration der Tageszeitung Neues Deutschland *und war bis 1990 dort tätig, die meiste Zeit als deren Sportchef. Bis 1993 war er Vizepräsident des europäischen Sportjournalistenverbandes. Nach seinem Ausscheiden aus dem* ND *gründete Huhn den spotless-Verlag und den spotless-Buchklub, die sich beide seit nunmehr fast zwei Jahrzehnten erfolgreich auf einem ansonsten vom Mainstream beherrschten Markt behaupten. Inzwischen erschienen weit über 200 Bücher bei spotless, darunter nicht wenige von Huhn selbst.*